Heute ist dein Tag!

Heute ist dein Tag!

Bekannte Persönlichkeiten erzählen, was sie inspiriert

Herausgegeben von Mauritius Wilde

Vier-Türme-Verlag

Heute ist dein Tag!

Was bekannte Persönlichkeiten inspiriert ...

Mauritius Wilde

Zahllose Bilder und Wörter fliegen durch unsere Zeit und wollen sich in unseren Köpfen festsetzen. Alles gebärdet sich so wichtig, und dennoch spüren wir deutlich: Nur weniges ist wirklich wichtig. Es ist gar nicht so leicht herauszuhören, was uns tatsächlich guttut, was uns aufbaut, was unsere Seele Tag für Tag nähren und inspirieren kann.

Jeder von uns braucht Inspiration für sein Leben. Sonst wird es fade und leer. Gerade wenn wir sehr beansprucht sind und die Tage dahinzugehen drohen, ohne dass wir sie wirklich gelebt haben, sehnen wir uns nach guter Inspiration.

»Inspiration« – darin steckt das lateinische Wort »spiritus« – Geist. Was haucht mir der Geist ein? Wir sind auf dieses Thema gekommen, als wir uns anlässlich des 65. Geburtstags von Anselm Grün Gedanken machten, was wir unserem Mitbruder und Autor »zurückgeben« könnten für die zahlreichen guten, klärenden und heilsamen Gedanken, die er in seiner über 30-jährigen Schriftstellerei den Menschen gegeben hat. Es ist ja ein Phänomen, auf das er und wir immer wieder angesprochen werden: Wie kann man auf all diese Gedanken kommen? Woraus hat er das?

»Es kommt darauf an, aus welchen Quellen wir schöpfen«,

ist Anselm Grüns eigene Antwort. Als Mönch versucht er täglich, wieder an diese Quelle zu kommen, die immer sprudelt, und die er mit den Worten Heiliger Geist und Jesus Christus benennt.

Während Anselm selbst nur das Sprachrohr sein will, ist es doch – wenn es gutgeht – der Geist selbst, der aufmuntert, heilt, stärkt, nachdenklich macht, unterscheidet, antreibt, bremst, nährt, in Schwung bringt – eben: inspiriert.

»Der Geist weht, wo er will«,

sagt die Bibel (Johannesevangelium 3,8). Und wir glauben daran, dass jeder Mensch ein Tempel des Heiligen Geistes ist. Der Geist ist da – doch sind wir offen für ihn?

Dieses Buch möchte den Blick öffnen dafür, wie der Geist eintreten kann in unser Leben. In ihm schreiben Persönlichkeiten, was sie inspiriert. In ihm lassen uns Menschen über ihre Schulter schauen, was ihnen täglich Kraft gibt, oder was sie einmal in ihrem Leben besonders angesprochen, inspiriert hat.

Die Liste der Namen dieser Menschen ist so bunt wie Menschen selbst unterschiedlich nur sein können. Es sind Menschen, die wie Anselm Grün andere gut zu inspirieren verstehen. Es sind Menschen, die mit Anselm Grün im Lauf ihres

Lebens schon einmal in Kontakt kamen oder mit ihm eine Wegstrecke gegangen sind. Es sind Menschen des öffentlichen Lebens, denen daran gelegen ist, gute Gedanken in diese Welt zu senden.

Man könnte auch so sagen: So groß die Vielfalt der Menschen, die Pater Anselms Bücher lesen, so groß sollte auch die Vielfalt der Autoren dieses Buches sein. Es kommen darin nicht nur Menschen vor, die von Berufs wegen schreiben. Es sind Frauen wie Männer, Ältere wie Jüngere, Menschen der Kirche wie auch Menschen nichtchristlicher Provenienz, spirituelle Grenzgänger und Sucher. Und was für uns daran besonders spannend ist: in der Unterschiedlichkeit der Beiträge auf die Suche zu gehen nach dem, was der gute Geist ist, was der Heilige Geist sein könnte. Der Geist weht, wo er will.

Jeder der Autoren hat sich in persönlicher Weise herausgewagt mit seiner Inspiration an das Licht der Öffentlichkeit. Das verdient Respekt und Dank. Unpersönlich agieren ja die meisten Menschen unseres öffentlichen Lebens. Hier aber haben sie sich gezeigt. Der Geist trifft immer auf das Persönliche. Je eigen inkarniert er sich und macht die Menschen so zu Persönlichkeiten. Deshalb ist es so kostbar, was die einzelnen uns geschrieben haben. Und es zeigt sich eine reiche Vielfalt, was uns in unserem Leben alles inspirieren kann.

Ich wünsche Dir, liebe Leserin, lieber Leser, dass Dich diese Texte inspirieren. Dass Du auf neue Ideen kommst, wie Du Dein Leben reicher und kostbarer machen kannst. Dass Du ins Staunen kommst darüber, wie der Heilige Geist in unser Leben eintreten kann. Und dass Du offen wirst für das, was der Geist Dir heute sagen will. Denn:

»Heute ist Dein Tag!«

Der Wahlspruch des Abtes des Benediktinerklosters Münsterschwarzach, in dem Pater Anselm lebt, lautet: »cum gaudio sancti spiritus« – »in der Freude des Heiligen Geistes«. Diese Freude beim Lesen und Betrachten wünschen Dir

Pater Dr. Mauritius Wilde OSB
und das Team des Vier-Türme-Verlags

Was mich inspiriert ...

Was mich inspiriert …

Was mich inspiriert ...

Was mich inspiriert ...

Das Helfen

Lea Ackermann

Sr. Lea Ackermann, Dr. phil. Dr. h.c., geb. 1937, Studium der Pädagogik, Psychologie und Theologie an der Universität München, zunächst Bankkauffrau, dann 1960 Eintritt in den Orden der »Missionsschwestern Unserer Lieben Frau von Afrika« (»Weiße Schwestern«). Lea Ackermann gründet 1985 SOLWODI (SOLidarity with WOmen in DIstress – Solidarität mit Frauen in Not) als Ausstiegsprojekt für kenianische Frauen und Mädchen in der Elendsprostitution. Sie erhält unter anderem das Bundesverdienstkreuz (1996), den Bul le mérite (2002), den Ketteler- (2006) sowie den Romano-Guardini-Preis (2008). Die »Frau Europas« (1998) wird zudem mit der Ehrendoktorwürde der Theologischen Fakultät an der Universität Luzern ausgezeichnet. Lea Ackermann veröffentlicht diverse Artikel und Bücher, unter anderem »Verkauft, versklavt, zum Sex gezwungen«, zusammen mit Pater Prof. Dr. Fritz Köster »Über Gott und die Welt – Gespräche am Küchentisch« sowie ihre Autobiografie »Um Gottes willen, Lea!«

Die Einladung, zurückzuschauen auf mein Leben und auf das, was mich inspiriert hat, ist in meinem 72. Lebensjahr eine gute Idee. Gerade für mich als Praktikerin ist das Innehalten von Zeit zu Zeit sehr wichtig.

Als ich mich mit 23 Jahren entschied, mein Leben Gott zu weihen, war mir sehr bald klar, dass für mich in der Nachfolge Jesu nur eine tätige Gemeinschaft in Frage kommt. Und weil ich die große weite Welt sehen wollte, konnte ich nur in eine Missionsgemeinschaft eintreten.

Es waren mehrere Momente, die mich inspiriert haben, in eine religiöse Gemeinschaft einzutreten. Hier möchte ich nur ein sehr starkes Motiv ansprechen: die Sattheit und Gleichgültigkeit der Christinnen und Christen. Schon in meiner Kindheit formte sich bei mir ein Bild: Die, die sich Christen nannten und sonntags in die Kirche gingen, lebten im Alltag oft genauso gedankenlos und auf sich zentriert wie die anderen, die nicht vorgaben, gläubig zu sein und nicht in der Kirche zu finden waren. Ich wollte etwas Wertvolles aus meinem Leben machen und mich am Evangelium orientieren. Ich wollte Zeugnis geben vom Evangelium und es zu Menschen bringen, die es auch schätzen würden, d.h. entdecken könnten. Nicht mit Predigen wollte ich das Evangelium bekannt machen, sondern mit meinem Leben.

In Ruanda war ich Lehrerin und danach Direktorin einer Ausbildungsstätte für Lehrerinnen. Unsere Schülerinnen waren ganz in die Arbeit in der Familie eingebunden. Sie gingen mit aufs Feld, halfen den Müttern im Haushalt, und viele von ihnen hatten schon ihren Müttern bei der Geburt jüngerer Geschwister beigestanden. Viele Kinder litten an einer Eiweißmangelerkrankung. Unsere Herausforderung war also, ihnen genug über Hygiene, Ernährung sowie Anbau und Verwendung von Lebensmitteln beizubringen. Es ging nicht darum, ein vorgegebenes Curriculum mit den Schülerinnen abzuarbeiten, sondern effektiv mit ihnen zu überlegen, wie durch die neue Bildung und Ausbildung tatsächlich und konkret das Leben zum Besseren hin verändert werden kann und welche einfachen Möglichkeiten aus der Armut herausführen können.

Es war mir eine Verpflichtung, den jungen Mädchen die Augen zu öffnen für die Gaben, die Gott uns und unserem Umfeld für unser Leben geschenkt hat, aber auch die Verantwortung zu stärken, gut mit diesen Gaben umzugehen.

Inspiriert haben mich auch immer Notsituationen, in denen uns am meisten bewusst wird, was Gott uns an Gaben geschenkt hat, damit wir aus Krisensituationen herauskommen oder sie wenigstens erträglich machen. Ich selber habe sehr viele Möglichkeiten und Chancen in meinem Leben gehabt. Aber es gibt Menschen, die hatten keine Lebenschancen.

Für mich gehört eine Frage entscheidend zu meiner Mission: Wie können Menschen an Gott als liebenden Gott glauben, wenn sie selbst in ihrem Leben nur Elend, Not und Gewalt erfahren? Ihnen muss die reine Wortverkündigung wie purer Hohn vorkommen. Deshalb müssen wir durch unser tätiges Wirken eingreifen.

Auch die Gründung von SOLWODI ist die Antwort auf eine Notsituation von Frauen und Kindern. Als ich vor 25 Jahren von meiner Oberin nach Kenia geschickt wurde, sah ich die unerträgliche Situation von Frauen und Kindern, die von Sextouristen ausgebeutet wurden. Alles fing mit der 17-jährigen Katharina an. Nachdem der Vater die Familie verlassen hatte, konnte ihre Mutter auf dem Dorf nicht alle Kinder ernähren, sodass Katharina schließlich nach Mombasa kam. Ihre einzige Möglichkeit zum Überleben war die Prostitution. Ich kümmerte mich darum, dass sie eine Ausbildung zur Näherin machen konnte. Dies wurde das erste Konzept für SOLWODI: Herauszufinden, was die Frauen lernen wollen, die entsprechende Schule für die Ausbildung zu finden, die Schulgebühren zu übernehmen und einen kleinen Job zu finden, damit sie Geld zum Lebensunterhalt verdienen konnten. Seitdem entwickelte sich SOLWODI durch viele UnterstützerInnen weiter. Immer mehr Frauen kamen dazu. Mein tägliches Gebet war: »Lieber Gott, ich kümmere mich um deine verlassenen Töchter, lass du mich bloß nicht im Stich.«

Bei jeder unerwarteten Hilfe in immer schwierigeren Situationen konnte ich die Erfahrung machen: »Gott lässt mich nicht im Stich, bis heute.« So kann ich nun, im nächsten Jahr, auf 25 Jahre meiner Arbeit zurückschauen.

Was mich inspiriert, ist die Not der Menschen um mich herum. Sie ist wie ein Schrei der unerlösten Schöpfung, in der wir heilend handeln können. Immer gibt es auch Stolpersteine und Hindernisse, aber trotzdem Hoffnung und Zukunft für inzwischen viele Kinder und Frauen.

Als ich Kenia nach drei Jahren verlassen musste, begegnete mir das gleiche Elend in Deutschland. Hier wollte ich eigentlich nur aufmerksam machen auf dieses Verbrechen des Sextourismus. Schon bald kam aber der erste Hilferuf aus Düsseldorf. Eine junge Afrikanerin war nach einem Selbstmordversuch in einer Anlage gefunden worden. Ich war allein, wollte ihr aber helfen. Ich kannte zum Glück schon einige engagierte Frauen und bildete einen Freundeskreis um Nyambura. Sie war von ihrer Mutter an einen deutschen Touristen verkauft worden. Angeblich wollte er sie ausbilden lassen. Stattdessen vermarktete er sie in vornehmen Hotels in Deutschland, der Schweiz und in Italien. Als sie dieses Leben nicht mehr ertragen konnte, versuchte sie sich umzubringen. Aufmerksame Spaziergänger haben sie gefunden und in eine Frauenorganisation gebracht, dann zu SOLWODI.

Nyambura war der erste Fall in Deutschland. Mir wurde klar: Um Frauen wie ihr helfen zu können, brauchte ich Mitarbeiterinnen und eine Beratungsstelle. »Lieber Gott, wie soll das gehen?«, fragte ich. Pater Fritz Köster von den Pallottinern hatte vom Bischof ein großes Haus zur Verfügung gestellt bekommen. Das war die Lösung, hier konnten wir die erste SOLWODI-Beratungsstelle aufbauen.

Seither arbeiten wir von SOLWODI mit inzwischen zehn Beratungsstellen in Kenia, einer Beratungsstelle in Ruanda, zwölf Beratungsstellen und sieben Frauenschutzhäusern für Migrantinnen in Not in Deutschland. Und die Notsituationen sind vielfältig: Opfer von Menschenhandel und Zwangsprostitution, von Zwangsheirat bedrohte Frauen, Opfer von Gewalt und Ausbeutung. Obwohl uns die Notlagen der Frauen immer wieder betroffen machen, weiß ich eins: So viele Menschen brauchen Hilfe. Und: Gott hat keine anderen Hände als die unseren. Deshalb werden ich und meine MitstreiterInnen uns weiter für die Bedrohten und Ausgebeuteten einsetzen.

Die Mönche

Franz Alt

Franz Alt, Dr. rer. pol., geb. 1938, Studium der Politischen Wissenschaften, Geschichte, Philosophie und Theologie. Von 1992 bis 2003 leitet Franz Alt die Zukunftsredaktion im SWR und moderiert die Magazine »Querdenker« und »Grenzenlos«. Seine Bücher werden in zwölf Sprachen übersetzt und erreichen eine Gesamtauflage von über zwei Millionen Exemplaren. Als bekennender Christ begründet Franz Alt sein Engagement für die Ökologie aus seinem Glauben heraus, dies zeigt er unter anderem in seinem Werk »Der ökologische Jesus«. Alts Arbeiten werden mehrfach prämiert, unter anderem mit dem Adolf-Grimme-Preis, der Goldenen Kamera, dem ersten Deutschen Solarpreis (1994), dem Europäischen Solarpreis (1997) und dem Umweltpreis der Deutschen Wirtschaft (2004). 1978 erhält Franz Alt den Bambi, 1983 den Josef-E.-Drexel-Preis und 1987 den Siebenpfeiffer-Preis.

Mich inspiriert, wenn sich Mönche inspirieren lassen. Wenn die Benediktiner-Mönche in Münsterschwarzach Gottesdienst feiern, spiegelt sich das gelbe Licht von Energiesparlampen an der meterhohen Christusstatue über dem Altar. Es ist warm im schlanken Schiff der Klosterkirche und die Luft ist frisch, wenn die uralten gregorianischen Gesänge erklingen. Die täglichen fünf Gottesdienste werden fast CO_2-frei gefeiert. Pater Anselm Grün betet aus einem alten Psalm über das moderne Thema »Bewahrung der Schöpfung«.

Die frommen Männer haben ihren religiösen Auftrag wörtlich ernst genommen. Sie beten nicht nur für die Schöpfung, sondern haben ihr Kloster mit insgesamt rund 100 Gebäuden auf regenerative Energieversorgung umgestellt.

In den letzten sieben Jahren ist der CO_2-Ausstoß der Abtei um 95 Prozent gesunken, seit 2008 arbeitet die Abtei CO_2-neutral. Bis zum Jahr 2012 soll das moderne Kloster samt seiner 22 integrierten Handwerksbetriebe ausschließlich regenerativ versorgt werden.

Die wohlige Wärme der Kirche stammt schon heute aus einer modernen Biomasse-Heizung. Das Holz kommt aus der Region, aus dem nahen Steigerwald. Früher musste Erdöl vom persischen Golf mit Schiffen, Eisenbahn und LKWs über viele tausend Kilometer hierher verfrachtet werden. Durch das Holzkraftwerk spart die Abtei jährlich bis zu 650 000 Liter Heizöl. Das Holz liefert 85 Prozent der Heizenergie des Klosters, weitere fünf Prozent kommen aus der ebenfalls klostereigenen Biogasanlage und zusätzliche fünf Prozent werden durch bessere Isolation der Klostergebäude eingespart.

Jedes Jahr kommen etwa 14 000 Menschen aus nah und fern ins Kloster nach Münsterschwarzach – sie nehmen an Seminaren, Exerzitien und Manager-Kursen teil oder suchen einfach ihre Ruhe zwischen den Bäumen und Bächen des Klosterparks. Neben der Goldschmiede und dem Vier-Türme-Verlag gehören auch ein landwirtschaftlicher Betrieb, eine Bäckerei, eine Metzgerei, eine Schreinerei, eine Metallwerkstatt und das Egbert-Gymnasium mit fast 1000 Schülern zum Kloster des heiligen Benedikt. Über 150 Menschen aus der fränkischen Umgebung finden in den klösterlichen Betrieben einen Arbeitsplatz.

Auf den Äckern um das Kloster liefern Futtermais und Sonnenblumen den Stoff für die Biogasanlage, die Strom und Wärme produziert. Auch die 60 Bullen tragen zur Energie- und Lebensmittelversorgung bei.

Auf dem Dach des Gymnasiums arbeitet eine Fotovoltaik-Anlage und produziert Strom – Energie von ganz, ganz oben.

Die Äcker am Kloster werden begrenzt von einem Damm, mit dem die Benediktiner das Wasser aus dem Fluss Schwarzach seit Jahrhunderten umleiten. Auch aus dem Wasser wird über eine 20-Kilowatt-Turbine Ökostrom erzeugt. Früher war hier ein Mühlrad in Betrieb. Auf diese Weise bewahren die Mönche seit über 750 Jahren den Bach vor der Versandung. Auf das alte Wasserrecht ist Pater Christoph, der als gelernter Elektroingenieur das regenerative Energiekonzept erarbeitet hat, besonders stolz.

In einem langen Nachtgespräch im Jahr 2000 hatte ich bei einer Flasche Rotwein dem früheren Abt des Klosters, meinem Freund Pater Fidelis Ruppert, vorgeschlagen, sein Kloster in ein »solares Kloster« umzuwandeln. Selten musste ich so wenig Überzeugungsarbeit leisten. Mein Buch »Der ökologische Jesus – Vertrauen in die Schöpfung« war in Münsterschwarzach auf fruchtbaren Boden gefallen. Die Mönche wollten getreu dem Motto ihres Ordensgründers Benedikt von Nursia »Ora et labora« (Bete und arbeite) auch energetisch aktiv werden.

Pater Fidelis sagt heute: »Klimaschutz ist nicht nur eine rationale Überlegung. CO_2 zu vermeiden, das hat religiöse Bedeutung.« Mein klösterlicher Freund ist ein großer Verehrer der Natur, in der er tiefe spirituelle Erfahrungen gemacht hat. Er lebte in Klöstern von Südkorea, Tansania und im südamerikanischen Urwald. Meiner Erkenntnis im »Ökologischen Jesus«, »Gott ist Energie«, stimmt Fidelis vorbehaltlos zu. Er habe »die Innenseite der Natur überall erfahren. Gott ist in allen Dingen. Die Energie, der wir alles verdanken«.

Im Speisesaal des Klosters wurde aus dem »Ökologischen Jesus« vorgelesen – dabei ging es auch um Sonnenenergie, Biogas und Windkraft. Religion und Bewahrung der Schöpfung verstanden die Mönche ganz praktisch, nicht als Lippenbekenntnis! Danach gründete Abt Fidelis einen klösterlichen Öko-Rat, in dem heftig diskutiert, gestritten und demokratisch entschieden wurde: »Wir machen die Energiewende.« Das passt zu einem heutigen Kloster, und es rechnet sich auch noch. Pater Anselm und Abt Fidelis formulierten im Jahr 2000 die Haltung der Mönche: »Achtsamer Umgang mit der Schöpfung und allen Menschen ist für uns eine Art Gottesdienst und ebenso bedeutsam wir das liturgische Beten, damit in allem Gott verherrlicht werde.«

Die Benediktiner von Münsterschwarzach sind davon überzeugt, dass, wer in den Himmel kommen will, auf der Erde viel bewegen muss. Deshalb beteiligen sie sich auch an einem Windpark im niedersächsischen Damme. Diese Beteiligung bringt etwa acht Prozent der einen Million Kilowattstunden Strom, die im Kloster pro Jahr verbraucht werden. Im Kloster-Gymnasium lernt die nächste Generation wie selbstverständlich, dass 100 Prozent Energie regenerativ erzeugt werden können. Insgesamt produziert das Kloster bereits 120 Prozent seines Strombedarfs selbst. Das vorbildliche Kloster beweist: Energiewende und Klimaschutz sind möglich.

Inzwischen sind die Benediktiner auch Missionare für Erneuerbare Energien geworden. Sie haben Missionsstationen auf drei Kontinenten, in denen bereits mit Hilfe der Sonne, des Wassers und mit Biogas Öko-Energie erzeugt wird. Als nächstes wollen die Münsterschwarzacher ihre PKWs auf Biodiesel umrüsten. Der Raps dazu wird in der Nähe des Klosters selbst angebaut. Darf man in Zeiten des Hungers auf Äckern Autosprit anbauen? Ihre Antwort auf die ethische Frage »Tank oder Teller?«: Die Mönche pflanzen nur auf so viel Fläche Biodiesel an wie früher für das Pferdefutter gebraucht wurde – eine pragmatische und zugleich ethisch vertretbare Lösung, so entstehen keine Monokulturen. Auch für die Missionsstation in Tansania gilt: Nachhaltiges Wirtschaften heißt, dass die Lebensmittel für Afrika in Afrika und nicht in Europa angebaut werden.

Pater Christoph sagt, was viele Selbsterzeuger von Erneuerbaren Energien bestätigen: »Seit wir unsere Energie selbst erzeugen, haben wir ein neues Verhältnis zur Natur.« Man schaut öfter nach oben! Und wirtschaftet sozial und ökologisch – nicht mehr gegen, sondern mit der Natur. Inspirierend für Viele.

Münsterschwarzach kann überall werden.

Das Miteinander von Menschen

Friedrich Assländer

Friedrich Assländer, Dr. phil., geb. 1946, Studium der Betriebswirtschaftslehre, Soziologie und Psychologie, arbeitete zwölf Jahre als Führungskraft in einem Finanzkonzern. Er ist von 1983 bis 2004 Hochschuldozent und arbeitet seit 1984 als selbstständiger Managementtrainer, Coach und Berater. Der Vater von vier Kindern blickt auf über 20 Jahre Zenpraxis bei Willigis Jäger und Rolf Drosten zurück. Er gründet den Verein Spirituelle Wege – Zen und Kontemplation, ist Gründungsmitglied und Vorstand des Spiritual Venture Network sowie Mitglied und Mitbegründer des infosyon – Internationales Forum für System-Aufstellungen in Organisationen und Arbeitskontexten, zahlreiche Veröffentlichungen zeugen von seinem intensiven Engagement.

Natur und Kraftplätze: Eine Preisfrage bei Klassikradio war vor einiger Zeit: Was braucht der Komponist ... (den Namen habe ich vergessen) zum Komponieren. Vorgegeben war: Ein Klavier, Notenpapier und Stift. Zu ergänzen war ein viertes Requisit. Die richtige Antwort, die mit über 10.000 Euro belohnt wurde, lautete: Der Blick aus seinem Fenster auf die Bäume und auf die Natur.

Einen solch wunderbaren Blick habe ich von meinem Stehpult am Fenster über die Häuserdächer hinweg zu den Feldern bis zum Waldrand in der Ferne. Es sind die Weite und der Kontakt zur Natur, die mich inspirieren, meinen Geist beflügeln. Hier am Schreibpult ist ein Teil meiner gemeinsamen Bücher mit Pater Anselm entstanden. Geschrieben habe ich aber auch an schönen Plätzen, im Park von Schloss Rastenberg in Niederösterreich, im ehemaligen Bauernhof meiner Großeltern.

Es gibt Orte, besondere Orte, die wir – meist unbewusst – als kraftvoll und inspirierend erleben. Auch Goethe wusste das und ging gerne auf Reisen. Er schrieb beispielsweise seine »Iphigenie auf Tauris« am Ufer des Gardasees. Besondere »Kraftplätze« suche ich gerne auf, wenn ich unterwegs bin oder wenn ich auftanken möchte. Alte Kirchen, die bekannten und unbekannten Wallfahrtskirchen, besondere Plätze in der Natur sind Orte, die mir helfen, Zuversicht, Kraft und neue Ideen zu finden.

Die Natur, vor allem die unberührte Natur, beruhigt mit ihrem harmonischen Miteinander von Pflanzen und Tieren meinen Geist und setzt mein schöpferisches Potenzial frei. Spaziergänge in der Natur, im Wald, besonders aber auch an Flussufern, entlang schöner Bäche, beruhigen und inspirieren. Es ist so, als ob mein Geist, wenn er zur Ruhe kommt, sich öffnet und sein unerschöpfliches Potenzial meinem Denken und Erinnern zur Verfügung stellt. Er liefert, wenn er zur Ruhe kommt, die Geistesblitze, Einfälle, Ideen und Lösungen zu den Themen, die mich beschäftigen.

Inspirierende Umgebung: Vor kurzem war ich mit Freunden, mit denen ich seit Längerem zusammenarbeite, zwei Tage in Leipzig, in der Altstadt mit den wunderschönen Fassaden aus der Gründerzeit. Wir gehen in die Thomaskirche, in der Bach gewirkt hat und in die Nikolaikirche, von der aus die Montagsdemonstrationen zum friedlichen Ende der DDR geführt haben. Wir sind ein kleiner Kreis von Menschen, die sich gut verstehen, und wir denken nach über die Zukunft des Kursprogramms »Führen und geführt werden« im Haus Benedikt. Was ist so inspirierend in diesen Tagen? Wir sind fernab unserer Alltagssorgen, dem gewohnten Trott entronnen. Das macht den

Geist frei. Wir erleben neue Anregungen durch die wunderbare Umgebung mit schöner Architektur, durch ein Traumwetter mit viel Sonne. Das Gefühl, Zeit zu haben ohne Termine und Pflichten, verändert unser Bewusstsein. Vor allem regt das Zusammensein mit Menschen an, mit Menschen, die durch ein Anliegen verbunden und voll gegenseitigem Vertrauen sind. Mir fällt eine Bibelstelle ein: Wo zwei oder drei in meinem Namen beisammen sind, da bin ich mitten unter ihnen.

Bei einem langen, gemütlichen Frühstück sprudeln die Ideen: Was wollen wir? Was können wir besser als andere? Was suchen die Menschen, die zu uns kommen? Es ist der Wunsch, Sinnvolles zu schaffen, der uns beseelt, Sinnvolles für Menschen, die Orientierung, geistige Erholung oder einfach sich selbst suchen. Es entstehen neue Ideen und vor allem, die Ideen bekommen eine konkrete Gestalt: ein spezielles »Programm für junge Menschen«. Ein Angebot »Unterwegs-Sein« für Menschen, die entdecken, dass sie genau dann angekommen sind, wenn sie unterwegs sind auf einem guten Weg. »Beratung, Begleitung, Coaching« soll als Fortsetzung der Kurse und als Angebot in unser Programm aufgenommen werden. Das sogenannte »grüne Programm« entwickelt sich dabei zu einem größeren Ganzen, wird umfassender mit einander ergänzenden Elementen. Es fällt der Satz: »Unser grünes Programm hat Junge bekommen.«

Begeisterung steckt an. Wir erleben es, indem wir uns über die eigenen Ideen freuen und die der anderen aufgreifen. Ein Gedanke löst den Nächsten aus. Den Frieden, den ich in der Natur immer wieder suche, finde ich auch bei diesem liebevollen und achtsamen Miteinander von Menschen. Er wird ergänzt durch eine dynamische Kraft, die gestalten und wirken möchte. Dieses harmonische Miteinander von Menschen schafft ein Klima höchster Kreativität und Schaffenskraft voll Freude und Wohlbehagen. Es werden Ideen geboren. Es wir aber auch die Umsetzung vorbereitet. Gute Einfälle allein verändern noch nichts. Der Idee folgt die Fleißarbeit, die Idee wird konkretisiert und in Arbeitsschritte zerlegt, die Stück für Stück abgearbeitet werden können. Es bedarf aber dieser Begeisterung und dieser Aufbruchstimmung, um in die Umsetzung gut einzusteigen.

Es treffen in Leipzig diese verschiedenen äußeren Bedingungen zusammen, die uns inspirieren und unseren kreativen Prozess ermöglichen und vertiefen. Es gibt keinen Zeitdruck. Es sind Menschen zusammen, die sich verstehen und gegenseitig schätzen. Es entsteht eine gute Stimmung, die sich immer wieder zur Begeisterung steigert und durch äußere Impulse genährt wird. Wir erleben Entspannt-Sein, Sich-wohl-Fühlen, Reden, Zuhören, Schweigen. Die Vielfalt schöner und harmonischer Momente und Eindrücke regt an: Still in einer Kirche sitzen. Die wunderbaren Fensterlaibungen, die Portale und Säulen an den Häusern in der Altstadt bewundern. Einen Espresso mit Praline bei »Amelie« im Specks-Hof genießen. Einem Straßenmusiker zuhören. Bäume, Schatten, spielende Kinder. Es ist das Leben in all seiner Vielfalt, das uns begegnet und anregt.

Wissenschaft: Natürlich versucht auch die Wissenschaft der Kreativität auf die Spur zu kommen. Sie bestätigt dabei altes Wissen und ergänzt es um interessante Details. So fanden Neurowissenschaftler heraus, dass Kreativität und Intelligenz zwei verschiedene Dinge sind. Das Gehirn hochkreativer Personen ist im Vergleich zu hochintelligenten Personen insgesamt weniger aktiv, was unsere Erfahrung bestätigt, dass die innere und äußere Ruhe für Kreativität wesentlich ist. Jedoch sind bei kreativen Menschen verschiedene Gehirnareale miteinander stärker verkoppelt. Der Besuch in Leipzig war die praktische Anwendung dieser Erkenntnis, auch wenn wir nie darüber nachgedacht haben. Die unterschiedlichen Sinnesreize waren Stimulanz für die verschiedenen Gehirnbereiche und die entspannte Atmosphäre ermöglichte ihnen, sich zu vernetzen.

Thomas Edison: Imponiert hat mir immer wieder eine Geschichte, die über Thomas Edison erzählt wird. Er fand einen Weg, seinen Geist auszutricksen, um ihm immer wieder neue Einfälle abzuluchsen. Das Ergebnis waren über 2000 Erfindungen. Edison wusste wohl, dass wir im Übergang vom Wachen zum Schlafen besondere Bewusstseinszustände durchlaufen, in denen die Kreativität sehr hoch ist. Diesen sogenannten Alphazustand, in dem die Alphawellen im Gehirn zunehmen, den wir auch erreichen, wenn wir uns tief entspannen oder meditieren, durchlaufen wir regelmäßig, wenn wir einschlafen oder aufwachen. Nun nahm Edison, wenn er zu Bett ging, einen schweren Schlüsselbund in die Hand, hielt diese Hand aus dem Bett über eine Blechschüssel. Beim Einschlafen, im entspannten Alphazustand, fiel der Schlüsselbund in die Blechschüssel. Von dem Krach wachte Edison auf und notierte sofort alle Ideen, die ihm in diesem Moment durch den Kopf gingen.

Zu dem kreativen Gesamtprozess sagte Thomas Edison jedoch sehr nüchtern: Kreativität ist zu einem Prozent Inspiration und zu 99 Prozent Transpiration. Kreativ ist nur der Einfall, der Rest ist Fleißarbeit. Egal ob Erfinder, Komponist, Bildhauer oder Schriftsteller, nur mit Fleiß, Durchhaltevermögen und Selbstdisziplin wird aus der Idee auch etwas Verwertbares, Handfestes, das für andere zugänglich wird und Nutzen stiftet. Mozart hat einmal über seine Musik gesagt: »Auch wenn es so leicht klingt, ich muss um jede Note ringen.« Die Ideen sind meist nicht der knappe Faktor. Die Disziplin, die Willenskraft, das Durchhaltevermögen sind die eigentlichen Herausforderungen.

Meditation: Ein besonderer Platz für Inspiration ist für mich mein Meditationskissen. Ähnlich wie der Friede in der Natur wirkt der Friede in mir, der sich in der Meditation nach und nach einstellt. Die aufrechte Haltung meines Körpers beim Sitzen richtet mich auch seelisch auf. Der Geist kommt zur Ruhe und es entsteht Klarheit, so wie ein durch Wind aufgewühlter See wieder klar wird, wenn der Wind nachlässt und das Wasser zur Ruhe kommt. Diese Erfahrung macht jeder Meditierende. Die Stille, die im Besonderen auch zu einer Stille in mir selbst wird, erlebe ich als wichtigen Gegenpol zum Lärm der Welt und zum Lärm in meinem eigenen Kopf.

Meditieren ist ein Ausgleich zum Machen und zum Denken im Alltag und im Alltagsbewusstsein, eine sehr wesentliche, konträre Erfahrung, die sich als Zulassen, als Beobachten vollzieht. Mein Tun im Alltag mit Zielen und Aufgaben wird in der Meditation ersetzt durch eine »aktive Passivität«, durch ein Innehalten und Geschehen-Lassen. Dabei können sich die Gedanken klären und es können neue Ideen auftauchen. Das geschieht von allein, es wird nicht gemacht. Ich bereite nur den geistigen Raum vor, in dem es geschieht oder auch nicht. Diese Pause – im Sinne von Unterbrechung meines Arbeitsalltags – braucht oft nur wenig Zeit. Manchmal ist es auch nur eine Minute, in der ich still auf meinem Schreibtischstuhl sitze und innehalte. Stille, Innehalten, die Aufmerksamkeit zu mir selbst führen, entfaltet immer eine Wirkung, die jedoch nicht immer gleich ist – im Gegenteil: sie führt mich zu den verschiedenen Facetten meines Menschseins und meines Seelenlebens. Sie wird so immer wieder zu einer reinen Quelle in mir selbst, aus der ich schöpfe.

Motivation und Energie: Meine Ideen waren und sind jedoch gleichzeitig auch immer eine motivierende Kraft. Die Inspiration ist immer auch Quelle von Energie und weckt die Lust am Schaffen: Bücher, Aufsätze, Vorträge, Konzepte. Wichtig sind mir dabei immer Freunde und Kollegen. Im Zusammensein mit ihnen kommen Impulse, ergänzende Hinweise. Auch kritische Fragen sind sehr wertvoll, um die Gedanken in die richtige Richtung zu lenken, andere Meinungen einzuholen. Wenn ich über meine Ideen reden kann, werden sie klarer und bekommen Kraft. Ganz allein, im stillen Kämmerlein, erfolgt die Fleißarbeit. Manchmal stehe ich schon früh um drei Uhr auf um zu schreiben, das ist eine sehr fruchtbare Zeit. Es geht nur darum, die Trägheit zu überwinden, das warme Bett zu verlassen, wenn ich wach werde. Die frühen Morgenstunden sind eine hochkreative Zeit, der erwachende Tag ist inspirierend.

Ich erlebe durch das Werk, das als Ergebnis der Inspiration und Arbeit am Ende sichtbar wird, meine Einbindung in die Gemeinschaft. Ohne diese Gemeinschaft von Freunden, Kollegen, Kursteilnehmern, Zuhörern würde nichts entstehen können. In eigenartiger Weise bin ich beim Schreiben mit den Menschen verbunden, für die ich schreibe oder etwas konzipiere. Es ist ein guter Ausgleich von Geben und Nehmen, der schwer beschreibbar ist. Meine Anstrengung, mein Fleiß werden belohnt durch das Gefühl, etwas Sinnvolles zu tun, das anderen nützt, aber auch durch die Erfahrung meines schöpferischen Potenzials. Gleichzeitig erlebe ich dabei mich selbst, meine Einzigartigkeit, meine Identität. Ich fühle mich dadurch wertvoll und bekomme einen Platz in der Gemeinschaft.

Die fremde Nähe

Wilhelm Bender

Wilhelm Bender, Prof. Dr. jur., geb. 1944, Studium der Rechtswissenschaften und Volkswirtschaftslehre. Er ist von 1974 bis 1984 in verschiedenen Funktionen bei der Deutschen Bundesbahn tätig, danach bis 1990 Geschäftsführer des Industrieverbands »Verkehrsforum Bahn«. Ab 1990 besetzt Wilhelm Bender Positionen als Vorsitzender der Geschäftsführung der Großspedition Schenker, bis 2009 ist er Vorstandsvorsitzender der Fraport AG. 2008 wird ihm von der Johann-Wolfgang-Goethe-Universität Frankfurt am Main der Titel eines Honorarprofessors verliehen. Wilhelm Bender liebt das Wandern. Mit seinem Sohn macht er vor einigen Jahren eine Tour durch die Anden, mit seiner Lebensgefährtin läuft er den Malerweg im Elbsandsteingebirge.

Als langjähriger Chef des Flughafens Frankfurt habe ich die exotischsten Stätten dieser Erde kennengelernt. Wer sich auf ihre Magie einlässt, wird eingesponnen in fremde Welten. Sie berühren uns ganz unmittelbar, weil sie aus einer großen Ferne plötzlich an uns herantreten. Und im Kontrast schärft sich das Profil der eigenen Welt.

Ein Spiel mit der Identität, das auch Bescheidenheit lehrt und Maßstäbe zurechtrückt. Doch viel nachhaltiger als im Anstoß durch den exotischen Kontrast nimmt mich die Überraschung im Vertrauten gefangen. Nirgends habe ich das so klar empfunden wie in Münsterschwarzach.

Schon wenn ich die Autobahn verlasse und eintauche in das fränkische Hügelland, stellt sich mir die Zeit um. Hier gehen die Uhren anders. Das Rauschen der Mobilität, in deren Strom wir ständig schwimmen – mit dem Flugzeug, auf der Autobahn – weicht einer Stille, die nur noch gelegentlich durchzogen wird von Bewegung.

Vollends scheint die Welt den Atem anzuhalten, wenn die vier mächtigen Türme der Kirche über der Gesamtanlage der Benediktinerabtei aufzuragen beginnen. Und anders als beim Schock durch die fremde Exotik lässt die Aura der klösterlichen Sammlung die vertraute Welt zurücktreten. Mit der Entfremdung vom Äußeren öffnen sich Fenster der Innerlichkeit.

Dass sich dieses Erlebnis nur unbeholfen in Worte kleiden lässt, zeigt die Tiefe der Erfahrung. Sie hat für mich keinen Namen, ich kann ihr kein Etikett anheften. Was sich sagen lässt, ist die Freude am Einblick in eine ganz andere Lebensform – die heute noch Gültigkeit besitzt, aber erkennbar auf eine lange Vorgeschichte zurückweist.

Das gilt in Münsterschwarzach gleich in doppelter Weise. Mit der Kunst der Makonde aus dem südöstlichen Afrika, mit der sich die Mönche am Main beschäftigen, wird das Spiel mit fremder Nähe und naher Fremde nochmals gespiegelt.

Die Makonde bearbeiten Ebenholz, das härteste Holz der Welt, also ein Material, das sich dem geschwinden Zugriff verweigert. Aus ihm lassen sie Menschengruppen entstehen, deren Bild die Gemeinsamkeit ist. Der Ursprungsmythos dieser Kunst variiert die christliche Erschaffung von Adam und Eva: Ein menschenähnliches Wesen schnitzt sich in seiner Einsamkeit aus einem Stück Holz einen Gefährten, und während des Schlafs verwandelt sich das Holz zu seiner Frau. Die Kunst der Makonde spannt den Bogen vom Hier und Jetzt ins Jenseits, auch zu den Toten. Jeder Einzelne ist eingebunden in den Lebensbaum seiner Gemeinschaft.

Das ist für uns Heutige bizarr genug. In der gefühlten Gemeinschaft der Mönche gewinnen wir Abstand zur individualistischen Vereinzelung – die sich gleichzeitig greller abhebt – und in der geschauten Gemeinschaft der Makonde-Kunst tritt das Individuum ein in die Gegenwart derer, die uns fern sind.

Mich haben Mönche und Makonde inspiriert. Mir gefällt der Brückenschlag aus der christlichen Enklave in die vorgeschichtliche Präsenz des Kultischen. Hier wie dort, am christlichen Main wie in der ostafrikanischen Hochebene der Makonde, begeben wir uns in eine Zeitmaschine. Mit der Verbindung so verschiedener Welten werden die Zeiten hier wie dort synchronisiert.

Und noch ein Akkord wird angeschlagen: Wir nüchterne Techniknutzer, die wir uns mit dem Flugzeug in fernste Exotik beschleunigen lassen, suchen die Entdeckung der Langsamkeit in einer geradezu romantischen Annäherung an christliche Wurzeln – aus denen heraus eine mythische Kunst mit den Mitteln des globalen Kunstmarkts präserviert wird. Die Mönche handeln mit der Kunst der Makonde. So sichern sie vielen Menschen in Ostafrika Beschäftigung und erhalten einer zeitlosen Kunst die Synchronisation, indem sie sie in der zeitgetriebenen Mobilität des Kunstmarktes zirkulieren lassen.

Der Kreis schließt sich. Das scheint mir vielleicht nicht der Sinn, aber eine Charakteristik unserer Tage zu sein: das Nebeneinander vieler Zeiten, das Miteinander aller Menschen und die Vielfalt ihrer Lebensformen, die aus Exotik Nähe und aus Vorgeschichte Präsenz macht. Und die Gleichberechtigung im Lebensbaum – der großen weiten Welt und aller kleinen Welten, die zueinander angeordnet und aufeinander angewiesen sind wie die Figuren der Makonde im Lebensbaum.

Die Gegensätze

Norbert Blüm

Norbert Blüm, Dr. phil., geb. 1935, Bundesminister für Arbeit und Sozialordnung a.D. Blüm ist zunächst bis 1957 als Werkzeugmacher bei der Adam Opel AG tätig. Auf dem zweiten Bildungsweg macht er 1961 das Abitur und studiert dann bis 1967 Philosophie und Germanistik. 1967 erfolgt seine Promotion mit einer Arbeit über die Willenslehre und Soziallehre von Ferdinand Tönnies. Er ist lange Jahre Stammesvorsitzender der Deutschen Pfadfinderschaft Sankt Georg und Messdiener. Norbert Blüm ist verheiratet und hat drei Kinder. Er engagiert sich in zahlreichen Projekten, ist Mitglied von Amnesty International sowie Vorsitzender der Stiftung Kindernothilfe und wurde mit vielen Auszeichnungen geehrt.

Was ist eine Inspiration?
Ich weiß es nit. Ich weiß es nit.
Sind Inspirierte bei sich oder außer sich?
Muss man gar außer sich geraten,
um zu sich selbst zu kommen?
Ich weiß es nit.

»Wovon man nicht reden kann, davon soll man schweigen«, empfahl Wittgenstein. Also schweigen wir – oder versuchen zaghaft Annäherung durch Beispiele. Es war einmal ... bei einem mühsamen Aufstieg auf den Kilimandscharo. Zwei Tage waren wir schon unterwegs. Um Mitternacht des dritten Tages machten wir uns auf den Weg zum »Gipfelsturm«. Von stürmischer Begeisterung konnte allerdings keine Rede sein. Es war eher ein qualvolles Gewürge, mit dem wir uns dem Ziel näherten. Jeder Schritt ein Kraftakt gegen die Erdanziehung, jeder Atemzug ein Ringkampf mit der Lunge. Zur rechten Hand unseres Weges ragte der Mawensi in den Himmel – 600 Meter unter dem Gipfel des Kilimandscharo –, silberweiß vom Mond beschienen. Unter der Wolkendecke weit unten ahnten wir Afrika. Über uns ein sternenfunkelndes Firmament. Nur noch eine kurze Zeitspanne bis zum Aufgang der Sonne.

Welch ein Kontrast: Die majestätische Schönheit der unberührten Natur – scheinbar gefühllos – und das Elend unserer Lebenskräfte und -säfte, mit denen wir uns aufwärts quälten. Das war ein Erlebnis besonderer Art.

In das von Atemnot erzwungene Schweigen plötzlich – zwei Schritte hinter mir – die Stimme eines Weggefährten, schwäbelnd wie die Stimme seines Landsmannes Eduard Mörike, von dem die Zeilen stammen, die er rezitierte:

O flaumenleichte Zeit der dunkeln Frühe!
Welch neue Welt bewegest du in mir?
Was ists, dass ich auf einmal nun in dir
Von sanfter Wollust meines Daseins glühe?

Die flaumenweiche Leichtigkeit des Morgengrauens, ein labiler Schwebezustand zwischen Nacht und Tag und die Schwerkraft des Seins ... sie schafften just in diesem Augenblick eine eigenartige Mischung von Erschöpfung und Erwartung. Jedenfalls war sie eine Erfahrung besonderer Art. Sie übertraf jede herkömmliche Information. Ist das der Landeplatz für Inspiration? Die »sanfte Wollust meines Daseins«?

Was ist das? Es kulminieren in wenigen Augenblicken alle Empfindlichkeiten der Seele und fusionieren mit Empfänglichkeiten des Leibes. »Sanfte Wollust«, das ist »wie ein eckiger Kreis«, die Contradictio in adjecto. Sie vereinigt das Wilde der Wollust mit dem Zarten, der Sanftmut.

Damals im Morgengrauen beim Aufstieg zwischen Kilimandscharo und Mörike, zwischen physischer Erdrückung und psychischer Entzückung, ist mir für eine Blitzlichtsekunde ein schwer beschreibbares Geheimnis gedämmert, nämlich die Ahnung vom Zusammenhang aller Gegensätze – das, was Nicolaus Cusanus die »coincidentia oppositorum« nannte.

Inspiration? Ist sie ein Blitzlicht des Geistes? Offenbar ist sie weniger eine schwere Arbeit des Erkenntnisvermögens und mehr ein Funkenschlag, der alles in ein neues Licht taucht. Offenbar gibt es verschiedene Formen der Wissensermittlung. Die Rejektion ist nur eine unter vielen. Die Analyse eine andere; sie zergliedert, Metaphern verdichten. Philosophen verfielen erstaunlich oft in rhapsodische Bildbeschreibungen, wenn sie sich ihren letzten Wahrheiten näherten. Plato erzählte Geschichten, Märchen, Mythen, wenn er mit der exakten Mitteilung offenbar am Ende war.

Auch die Bibel ist voller inspirierender Bilder. Als Elija sich in der Höhle am Gottesberg Horeb vor Gott verkriecht, deprimiert und verzweifelt, ruft ihn Gott heraus, »Stell dich auf den Berg! (...) Da zog der Herr vorüber: Ein starker, heftiger Sturm, der Berge zerriss und Felsen zerbrach. Doch der Herr war nicht im Sturm. Nach dem Sturm kam ein Erdbeben. Doch der Herr war nicht im Erdbeben. Nach dem Beben kam ein Feuer. Doch der Herr war nicht im Feuer. Nach dem Feuer kam ein sanftes, leises Säuseln. Als Elija es hörte, hüllte er sein Gesicht in den Mantel, trat heraus und stellte sich in den Eingang der Höhle.«

Nicht als feuerspeiender Erderschütterer erschien Gott dem Elija, nicht als wütender Orkan. Kam er als ein Lufthauch, flog er als eine Inspiration an Elija vorbei? »Ein sanftes, leises Säuseln«, »eine Stimme verschwebenden Schweigens« übersetzt Martin Buber. Ist die »Stimme verschwebenden Schweigens« die Stimme, in der Gottes Geheimnisse sich der Sprache nähern?

Gott lässt sich nicht definieren. Er lässt sich nicht begrenzen. »Wenn meine Herrlichkeit vorüberzieht, stelle ich dich in den Felsspalt und halte meine Hand über dich, bis ich vorüber bin. Dann ziehe ich meine Hand zurück, und du wirst meinen Rücken sehen. Mein Angesicht aber kann niemand sehen«, spricht Jahwe zu Moses.

Wer kennt ihn, Gott? Wer hat IHN gesehen?

Ja, wir kennen Jesus mit Namen und Lebensgeschichte. In ihm hat sich Gott offenbart. Ist das schon alles?

Ohne den Schauer der Transzendenz bleibt Jesus nur eine biographische Nachricht. Ohne Inspiration ist Glaube nur banales Wissen von aufzählbaren Fakten. Vielleicht ist Inspiration das Wehen der Transzendenz, die uns aus der Ferne erreicht.

Inspiration? Was ist das?

Sind Inspirationen wie das Glück nur episodische Vergnügen? Vielleicht sind es die Episoden der »flaumenleichten Zeit« und des »verschwebenden Schweigens«, in denen wir den »Rücken Gottes« sehen?

Ich weiß es nit.

Das Jetzt

Roland Breitenbach

Roland Breitenbach, Pfarrer, geb. 1935, Studium der Theologie. Seine erste Kaplanstelle tritt Roland Breitenbach im Winzerort Retzstadt an, rasch folgt Bad Kissingen, dort gehört neben Schule und Jugendarbeit auch ein Teil der Kurseelsorge zu seinem Aufgabenbereich. Seit 1968 ist Roland Breitenbach in Schweinfurt fest verwurzelt. Zunächst wirkt er für fünf Jahre als Religionslehrer am Olympia-Morata-Gymnasium – mit kurzem Gastspiel als Stadtrat – bis zur Bestellung als Pfarrer von St. Michael im Jahr 1974. Sein besonderer Einsatz gilt den Grenzgängern, die von der Kirche enttäuscht sind, Menschen die auf der Suche sind. Aus diesem Engagement entstehen Motorradgottesdienste sowie der Ehe-TÜV. Zusammen mit der »Brücke«, begründet von Diakon Stefan Philipps, entsteht eine Fülle sozialer Projekte der Gemeinde St. Michael. Roland Breitenbach betätigt sich als »Winkeljournalist« bei verschiedenen unterfränkischen Zeitungen, 1984 schreibt er sein erstes Buch »Zeit des Glücks«, viele andere folgen. Den größten Erfolg erzielt sein Buch »Der kleine Bischof«.

An den Tag und die Stunde kann ich mich noch nach vielen Jahren erinnern. Nicht nur, weil es mir der Atlantik mit seinem Wellenspiel, mit seinem Kommen und Gehen angetan hatte, seit ich zum ersten Mal auf einer Felszunge saß, die weit ins Meer hinausragte. Stundenlang war ich gesessen und habe den Wellen zugesehen, die sich weiß glitschend an den grauschwarzen Felsen brachen. Hier am Rand des Meeres und inmitten einer unberührten Landschaft, in der nur wenige Schafe sich bewegten, wurde mir das Wort von John O'Donohue zur Bewusstheit: »Landschaft ist nicht nur etwas außerhalb von uns; etwas davon hat sich in unsere Seele geschlichen. Die menschliche Gegenwart ist von Landschaft durchdrungen.« In dieser urtümlichen Landschaft traf es mich am späten Nachmittag wie ein Schlag. Eine Erkenntnis, oder schreibe ich besser: eine Erfahrung, überwältigte mich von einem Augenblick zum anderen: Heute ist dein Tag.

Ganz unbemerkt war mein Atem mit dem Kommen und Gehen der Wellen eins geworden. Zu beidem konnte ich nichts. Seit ewigen Zeiten atmet das Meer auf seine Weise. Genauso unbewusst atmete ich ein und aus, bis mir bewusst wurde: Heute ist dein Tag. Ohne mich anzustrengen, war mir dieses große Geschenk in den Schoß gefallen. Jetzt konnte ich auch verstehen, was der Mystiker Meister Eckhart schon im 14. Jahrhundert mit der Bemerkung sagen wollte, es gäbe keinen spirituellen Weg. Ein befremdendes Wort – gerade für unsere Zeit, da viele Menschen geradezu besessen sind von spirituellen Programmen und geistlicher Wegsuche. Oft genug sind sie darum bemüht, die Vergangenheit irgendwie loszuwerden und Angeln der Hoffnung in die Zukunft zu werfen. Darüber vergessen sie das Heute, sie übersehen, welches Maß an Achtsamkeit und Gelassenheit mit der schlichten Erfahrung verknüpft ist: Heute ist dein Tag. Gäbe es einen spirituellen Weg, so überlege ich, dann wäre er gerade mal wenige Zentimeter groß, gerade so breit, wie sich Brustkorb und Bauchraum beim Aus- und Einatmen senken und heben. Es ist uns nichts so nah, wie das Ewige. Sehr plastisch drückt es der Koran aus: »Gott ist dir näher als deine Halsschlagader.«

Später habe ich erst nachvollzogen, wie es zu dieser blitzartigen Erkenntnis »Heute ist dein Tag« kommen konnte. Einige

Tage lang hatten wir in einer kleinen Gruppe – wir hatten uns in einem Cottage in der irischen Einsamkeit getroffen – die Meditation des Morgens mit diesem Sanskritwort beendet: »Achte gut auf diesen Tag, denn er ist das Leben – das Leben allen Lebens. In seinem kurzen Ablauf liegt alle Wirklichkeit und Wahrheit des Daseins, die Wonne des Wachsens, die Herrlichkeit der Kraft. Denn das Gestern ist nichts als ein Traum und das Morgen nur eine Vision. Das Heute jedoch – recht gelebt – macht jedes Gestern zu einem Traum voller Glück und das Morgen zu einer Vision voller Hoffnung. Darum achte gut auf diesen Tag.«

Offenbar auf diesem Hintergrund erwachte das Heute in mir und entfaltete seine spirituelle Kraft, auf die ich bislang verzichten musste. Trotz der eindringlichen Jesusworte »Sorgt euch also nicht um morgen; denn der morgige Tag wird für sich selbst sorgen. Jeder Tag hat genug eigene Plage.« (Mt 6,34) konnte mich die Vergangenheit zu oft niederdrücken und die Zukunft bedrohen. Der Tag kam darüber zu kurz. Erst wenn der Tag vergangen war, bekam er Bedeutung; erst wenn ein neuer Tag herannahte, wurde er als wichtig betrachtet.

Wir haben unsere Zeit in Gestern, Heute und Morgen eingeteilt. Deswegen übersehen wir, dass unsere Seele allein im Heute wohnt. Unser Heute ist ein Abglanz, ein Schimmer von Gottes Ewigkeit. Dieses Licht kann unsere Seele wahrnehmen, diesem Heute kann die Zeit keinen Schaden zufügen. Meister Eckhart hat das so gesagt: »Es gibt einen Ort in der Seele, der ewig ist.« Von dort steigt das Heute auf, täglich jung und erfrischend. Mag uns die Zeit altern lassen, an diesem Ort der Seele kann uns die Zeit nichts anhaben. Wir sind und bleiben so jung, so oft und so sehr wir uns an diesen Ort zurückziehen. Auch dazu gibt uns das Heute viele Möglichkeiten.

Die Erfahrung an der Atlantikküste hat mein Leben auch noch auf eine zweite Weise im wahren Sinn des Wortes beeinflusst: durch die Möglichkeit des Wiederholens. Es ist ein Irrtum zu meinen, das Meer wäre jeden Tag gleich, auch wenn sich Wind und Wellen wiederholen. Auch die Landschaften entstehen jeden Tag neu, denn sie werden auch nicht von der gleichen Sonne beschienen und vom gleichen Regen benetzt. Doch die Seele des Meeres, wie die einer Landschaft, lässt sich wiederholen, sie ist beständig.

Das gilt alles auch im Wortsinn für uns: Wir können alles, was wichtig und wertvoll ist, wiederholen. Dann entartet die Zeit nicht zu einer unbarmherzigen Linie, die einen Anfang und ein Ende hat, sie erweist sich vielmehr als Kreis. Bei den irischen Kelten hat der Kreis der Zeit eine große, eine geradezu heilige Bedeutung. Sie legten Steinkreise an, um sie achtsam zu umschreiten und ihrer Seele Gelegenheit zu geben, die Mitte zu finden. Später erscheint die Zeit als Kreis, als Erdball und als Sonne eingezeichnet in die beiden Balken des christlichen Kreuzes und bringt das erlöste Leben des Menschen mit Gottes Ewigkeit zusammen.

Das Sanskritwort der ersten Tage ließ mich nicht los. So entstand an den Klippen des Atlantiks dieses Gebet. Mit seinen Worten beginnt seither mein Tag. Tausendfach habe ich dieses Gebet als Kärtchen verschenkt, in der Hoffnung, Lust und Dankbarkeit für jeden neuen Tag zu machen und ihn als ein Geschenk zu feiern:

Im Namen Gottes achte gut auf diesen Tag.
Achte gut auf die Menschen, sie sind dir anvertraut.
Jeder neue Tag ist dein Leben.
Er ist ein Geschenk für dich.

Heute ist dein Tag.
Sei dankbar und freue dich über die Sonne am Morgen.
Lebe im Frieden mit dir und finde zur Ruhe in der Nacht.
Sei gesegnet und werde zum Segen allen,
die dir heute begegnen.

Der Heilige Geist

Albrecht Fürst zu Castell-Castell

Albrecht Fürst zu Castell-Castell, geb. 1925, leitet über 50 Jahre den alten Familienbesitz mit Forst- und Landwirtschaft, Weinbau und als Mitinhaber die Fürstlich Castell'sche Bank. Sein Sohn Ferdinand hat vom Vater die Verantwortung und Führung des Castell-Unternehmens übernommen. Seit 58 Jahren mit Marie-Louise Prinzessin zu Waldeck und Pyrmont verheiratet, erlebt er Freude und Lebenserfüllung in der Großfamilie von 8 Kindern (Maximilian und Christina sind verstorben), 31 Enkeln und 6 Urenkeln. Als evangelische Christen bringt das Ehepaar Kraft und Erfahrung in den Dienst der Versöhnung unter den Konfessionen und in besonderer Weise zum jüdischen Volk.

Vielleicht fragt sich mancher: »Was ist genau gemeint mit inspirieren?« Ich habe im Konversations-Lexikon nachgeschlagen und unter den Erklärungen scheint mir das Wort »Eingebung« am deutlichsten zu sagen, was hier gemeint ist.

Inspiration ist also Eingebung: Es wird mir etwas gegeben. Jede Gabe hat einen Sinn. Ich darf sie annehmen – behalten – und mir dabei überlegen, was ich mit dieser Gabe mache. Soll ich sie für mich behalten? Das kann man machen und sich über dieses Geschenk freuen. Man kann aber auch prüfen, was man damit soll. Da komme ich schnell darauf, dass ich anderen davon etwas erzähle, weitersage, was mir eingegeben worden ist.

Jetzt merke ich, dass es interessant wird. Das Weitergeben bringt ja auch den anderen zum Nachdenken – und wenn das

Gespräch weiter geht, werde auch ich in neue Gedanken hineingeführt. Das Geschenk wird größer, wenn ich andere daran teilhaben lasse. So sehe ich eine Eingebung als persönliches Geschenk, aber eben auch als ein Geschenk für andere, wenn ich es weitergebe, davon erzähle und meine Gedanken mit anderen teile und austausche. Dabei merke ich, wie der Austausch und die Rückmeldungen dann in mein Denken eindringen. Das kann mein Weltbild verändern, das kann aber auch meine Haltung zu ganz alltäglichen und mir selbstverständlich vorkommenden Dingen beeinflussen. Inspiration, Eingebung ist ein Geschenk für mich und andere!

Wo kommt aber diese Eingebung her? Ist sie mir zugeflogen, ist sie Zufall? Es gibt unterschiedliche Informationen und Eindrücke, die sich in mir als Eingebung festsetzen. Es kann ein Buch sein, das ich gerade lese, es kann ein Gespräch sein, in dem ich etwas Neues höre, es kann ein Eindruck sein, den ich gewinne, wenn ich etwas erlebe oder betrachte. Aber die Eingebung kann auch ganz unvermittelt zu mir kommen, in mich hinein. Plötzlich ist er da, ein Gedanke, der mir vorher nicht bekannt war, der mich nun aber beschäftigt. Woher also? Unerwartet, unerbeten, ja oft auch sehr unerwünscht, kommt etwas in mich hinein. Es kann etwas Gutes sein, aber es kann auch etwas Böses sein: eine Verlockung, eine Versuchung, eine Verführung, ein Gedanke, aus dem sich eine Kraft entwickelt, die eine Schwachstelle in mir findet und sich einnistet.

Inspiration ist eine Gabe, die sich in mir zu einer Kraft entwickelt. Sie kann von einem guten oder von einem bösen Geist kommen: Deshalb ist es wichtig, dass ich die Botschaft, aber auch den Inhalt und die Herkunft der Inspiration zu ergründen versuche. In meiner Wahrnehmung und in meiner Erfahrung ist der Heilige Geist eine Realität, genauso wie der böse Geist, der

Gegenspieler Gottes, der Satan, der Teufel oder wie man ihn auch nennen will. Es ist erstaunlich, mit welcher Sicherheit das eigene Gewissen spürt, was das für ein Geist ist, der mir eine Inspiration geschickt hat. Ich will mich mit dem inspirierenden Teufelsgeist nicht beschäftigen, aber ich betone noch einmal, dass es ihn gibt, dass ich ihn ernst nehme und versuche, ihn abzuwehren. Das gelingt am besten, wenn ich mich ganz dem guten Geist, dem Heiligen Geist, dem Geist Gottes anvertraue.

Ich brauche Inspiration für mein Leben. Meine Kreativität kommt von Inspiration. Manchmal denke ich: Das ist mein eigener Gedanke, das habe ich selbst erfunden, das ist aus meinem Geist entsprungen. Da ist es gut nachzuprüfen, ob das eigentlich stimmt.

Ich habe mir angewöhnt, den Heiligen Geist sehr ernst zu nehmen und freue mich, dass ich gute Erfahrungen mit ihm gemacht habe. Es ist ein sehr lebendiger Geist, der nicht müde wird und nicht aufhört, mir interessante und anregende, gute Gedanken zu schicken. Er inspiriert mich, weil er mir etwas eingibt, das ich nicht selber in mir habe. Deshalb kann ich mir mein Leben ohne die Inspiration, ohne die Eingebung nicht vorstellen. Es wäre dann sehr langweilig und eintönig, es gäbe nicht das Spannende und Lebendige, das mein Leben erfüllt und abwechslungsreich macht.

Nun, mein Thema lautet: »Was mich inspiriert.« – Ich will aus meiner persönlichen Erfahrung, aber auch aus der beinahe täglichen Praxis erzählen, wie ich Inspiration erlebe.

Da gibt es besondere Gelegenheiten:

Meine Badewanne: Das Fenster umrahmt ein Stück vom Himmel. Ich schaue in die Weite, auf den Steigerwald und auf Bäume in unserem Garten. Das ist ein mir vertrauter Blick und da kommen mir gute Gedanken, die ich als Eingebung und Inspiration aufnehme. Da finden immer wieder ganz praktische Fragen eine Antwort. Da fallen mir Namen, Gesichter und Personen ein und ich spüre, ich sollte einen Brief schreiben oder jemanden anrufen oder nur an jemanden denken. Immer wieder beschäftigen mich Fragen über bestimmte Aufgaben. Ich soll einen Vortrag halten, ein Grußwort schreiben oder reden. Da ist es hilfreich, plötzlich bis in die Formulierung hinein zu wissen: Ja, so sollst du damit beginnen. Während ich mich abtrockne, weiß ich, wie ich in das Thema einsteigen soll. Wenn der Tag so beginnt, wird es meist ein guter Tag. Aber nicht nur deswegen steige ich gerne in die Badewanne. Ich genieße diese Morgenfreude.

Ein anderer guter Platz ist eine Bank in unserem Garten oder im Weinberg. Eine Lieblingsbank steht in der Weinlage Hohnart. Von dort habe ich einen weiten Rundblick: auf unser Dorf, in den Schlossgarten, auf den Friedhof, auf die Bausch-Weinberge und den darüber liegenden Wald im »Feuerbach«, auf den Schlossberg und auf die Reben rings um mich herum. Das ist der beste Platz, um Gott zu loben, seine Allmacht zu preisen, seinen heiligen Namen zu ehren und ihm einfach zu sagen, welches Geschenk es für mich ist, hier zu Hause sein zu dürfen, mit dem Auftrag, die Erde – dazu gehören auch Weinberge und Wald – zu bebauen und zu bewahren.

Wenn ich zu Hause bin, gehe ich sonntags in den Gottesdienst. Ich sitze im Patronatsstand auf der Empore. Meine Ohren können nicht immer alles hören, was unten im Altarraum gesprochen wird. Aber ich kenne den Ablauf der Liturgie und die Orgel hilft mir, in der richtigen Tonlage mitzusingen. Das Beten höre ich genau und vieles auch von der Predigt. Ich muss nicht mehr alles hören, ich habe die Atmosphäre, den festlichen Rahmen, das Wissen und Erleben mit anderen Gott anzubeten, ihm zu danken und zu bitten. Dazu brauche ich Stille. Leider finde ich sie zu selten, weil viele Pfarrer glauben, sie müssten die ganze Zeit reden und der Gemeinde etwas mitteilen. Inspiration kommt aus der Stille und in einer besonderen Atmosphäre.

Heute ist Sonntag. Im Gottesdienst habe ich die Inspiration für meinen kleinen Beitrag zu diesem Buch empfangen. Dann lohnt es doch, diesen vertrauten Ort immer wieder aufzusuchen.

Aber wo kommen die inspirierenden Gedanken eigentlich her? Für mich heißt der Absender Heiliger Geist. Inspiration ist das Reden Gottes durch den Heiligen Geist. Das war schon immer so. Auch Jesus hat das gewusst. Deshalb ging er immer wieder in die Stille: in die Wüste, auf den Berg, mit einem Schiff auf den See und kurz vor seinem Tod allein in den Garten Gethsemani. Inspiration bringt ja nicht nur Gedanken, sondern auch Stärkung und Ermutigung, Wahrnehmung und Erkenntnis, manchmal auch Korrektur und Warnung. Deshalb kann ich mir mein Leben ohne Inspiration nicht vorstellen. Ich brauche sie, nicht nur für meine Frömmigkeit, sondern auch für meinen Alltag, für alle Fragen in meinem Beruf und für das, was ich sonst tue. Deshalb beginne ich den Tag mit dem Lesen der Herrnhuter Losungen, die mir das Wort Gottes als Ausrichtung für den Alltag bereitstellen. Wir beten jeden Morgen in unserer Familien-Andacht. So weiß jeder, dass er nicht alleine mit dem Wort der Heiligen Schrift ist. Die Bibel ist auch durch Inspiration entstanden. Der Heilige Geist hat das Wort Gottes gläubigen Männern eingegeben. Sie haben es aufgeschrieben – für die Welt – für uns.

Ich will nicht aufhören für die Lebenshilfe, die ich durch Inspirationen in Eingebungen für mein Leben erfahre, zu danken.

fragen an gregor von nyssa

Freddy Derwahl

Freddy Derwahl, geb. 1946, deutschsprachiger Belgier, studierte in Löwen, Aachen und Paris und ist einer der namhaftesten Vertreter der deutschsprachigen Literatur in Belgien, er arbeitet als Journalist und wurde unter anderem mit seinen Veröffentlichungen über Papst Johannes XXIII., Papst Benedikt XVI. und Hans Küng im deutschen Sprachraum bekannt. Derwahl publiziert in der FAZ, in »Die Zeit« sowie bei ARTE und beim ORF. Er erhielt den Literaturpreis der Internationalen Vereinigung der Künstler aus Eifel und Ardennen sowie den Literaturpreis des Rates der Deutschsprachigen Gemeinschaft.

komm erzähl was weißt du von der nacht
der zeiten
was hat dich um den schlaf gebracht
als die befreiten
aus babylon vor deiner türe jubelnd sangen
funken das glas
des spiegels sprengten und ein engel unbefangen
leise las
vom tanz der nackten aus dem hohelied
wer es wohl schrieb

hat makrina deine mutter dich schon wachgeküsst
am frühen morgen
hast du im tiefen kerker ihre spur vermisst
so ungeborgen

auf suche nach dem schönsten bild
im staub
wie banges wittern von gehetztem wild
durch winterlaub
trifft unser armes bisschen leben ganz zum schluss
ein gnadenschuss

woher wusstest du von meinem schmerz
der ohne ruh
stürzte immer ab weil himmelwärts
die pforte zu
nur ferne stimmen staunten wie auf einem fest
bei sonnenwende
wenn der könig seine besten weine rollen lässt
und beide hände
brechen zart das abendbrot und bringen fisch
auf unserem tisch

Die Kollision mit der Welt

Kai Diekmann

Kai Dieckmann, geb. 1964, nach Abitur und Wehrdienst, den er in der Redaktion einer Bundeswehrzeitung absolviert, Studium in Münster, nach Abbruch des Studiums Volontär der Journalistenschule von Axel Springer. Von 1989 bis 1991 ist Kai Diekmann Chefreporter bei der »Bunten«, 1992 wechselt er zur Bild-Zeitung und wird 1998 Chefredakteur der »Welt am Sonntag«. Ab 2001 ist er Chefredakteur der Bild-Zeitung, seit 2004 zudem Herausgeber der Bild-Zeitung und der »Bild am Sonntag«. Er ist Autor und Herausgeber mehrerer Bücher, zuletzt erschien von ihm das Buch »Die längste Nacht, der größte Tag: Deutschland am 9. November 1989«. Diekmann ist Mitglied im Vorstand des Vereins Atlantik-Brücke.

Für den amerikanischen Nationaldichter Ralph Waldo Emerson war die Sache mit der Inspiration noch schön schlicht: Man brauche dafür nichts als »einsamen Umgang mit der Natur«, befand er, denn dort »hört man Laute der Süße und des Schreckens, wie man sie in einer Bibliothek niemals antrifft«. Nun war zum einen um 1850 herum in Amerika bekanntermaßen deutlich mehr Platz für so eine Strategie als im heutigen Mitteleuropa. Zum anderen würde ich aber auch grundsätzlich bezweifeln, ob der Ansatz der größtmöglichen Einsamkeit wirklich der vielversprechendste ist – und zwar nicht nur angesichts der Qualität von Emersons Werken oder denen seiner Schüler, die auch gern einmal mehrere Jahre lang nur allein im Wald saßen und in sich gingen.

Zumindest bin ich da ganz anders gestrickt. Was mich inspiriert, ist nicht das Alleinsein mit mir und dem Universum, sondern eigentlich das genaue Gegenteil – das Reiben an Gedanken, die Beschäftigung mit dem, was sich der Mensch zu allem Möglichen schon alles hat einfallen lassen. Kurz: die Kollision mit der Welt. Manchmal geht zwar etwas kaputt, wenn Dinge zusammenstoßen, aber fast immer kommt eben auch etwas Neues dabei heraus.

Deshalb inspiriert mich nichts so sehr, wie gute Gespräche mit klugen Menschen oder ein präzises, kontroverses Buch – oder natürlich ein guter Zeitungsartikel. Lesen halte ich sowieso für die inspirierendste (und schönste) Tätigkeit überhaupt; nicht umsonst habe ich da mein Hobby zum Beruf gemacht. Wie sonst kann man gleichzeitig so viel lernen, seine eigenen Ideen auf Fehler überprüfen – und auf neue kommen, wenn man die eigenen Gedanken mit denen der anderen vergleicht? Wer nicht liest, braucht wirklich ganz, ganz viel Weisheit, um von selbst zu merken, wo er richtig und wo er falsch liegt. Für so schlau halte ich mich selbst nicht.

Und eigentlich ist das ja auch gar nicht überraschend. Der Mensch war eben schon immer ein soziales Wesen – eigentlich schon, bevor er überhaupt Mensch war. Für unsere ganz frühen Vorfahren war das gegenseitige Kraulen extrem wichtig, weil sie dabei Informationen austauschen und voneinander lernen konnten. Heute kraulen wir uns zwar seltener, aber dafür reden wir miteinander, tratschen zusammen – oder schreiben und lesen. Ohne Kommunikation und Gedankenaustausch wäre der Menschheit wohl deutlich weniger eingefallen, als das bis heute der Fall gewesen ist. Davon abgesehen sind mir auch kaum geniale Ideen oder Errungenschaften bekannt, die sich jemand ganz allein und ohne jeden Austausch mit seiner Umwelt ausgedacht hätte. Diogenes in seiner Tonne mag da eine der Ausnahmen sein, die die Regel bestätigen.

Natürlich ist das alles ein ganz klein wenig komplizierter, als einfach nur im Wald zu sitzen. Für die eine oder andere »inspirierende« Besprechung musste ich mich hinterher auch schon bei diversen Teilnehmern entschuldigen. Aber das tue ich dann gern. Bekanntermaßen ist ja entscheidend, was hinten rauskommt. Wo ich diese Weisheit gehört habe, ist mir allerdings gerade entfallen.

Der Friedhof

Matthias Drobinski

Matthias Drobinski, geb. 1964, Studium der Geschichte, der katholischen Theologie und der Germanistik, Ausbildung an der Hamburger Henri-Nannen-Journalistenschule. Matthias Drobinski war bis 1997 Redakteur bei »Publik-Forum«, seither arbeitet er im Ressort »Innenpolitik« der Süddeutschen Zeitung und ist dort für Religionen und Kirchen zuständig. 2006 erhält er den Herbert-Haag-Preis. Zusammen mit dem Abtprimas der Benediktiner, Notker Wolf, schreibt Matthias Drobinski 2008 das Buch »Regeln zum Leben. Die Zehn Gebote – Provokation und Orientierung für heute«.

Manchmal, da packt es uns, und wir gehen auf den Friedhof. Auf den nächstgelegenen, mit den hohen Bäumen, dem Blättergeflirre, den bemoosten Steinen; es ist immer ein bisschen feucht hier und riecht nach aufgeworfener Erde. Guten Tag, ihr Lebenden. Der weiße Split knirscht leise, wenn jemand mit Gießkanne vorbeikommt; käme einer vom fremden Stern hierher, er würde vielleicht denken, dass die Gärtnerarbeit die Menschen mit ihren Toten verbindet: Gießen, Hacken, Unkraut zupfen. Doch auf die Lebenden kommt es uns nicht an, es geht um die Toten. Sie reden, erzählen Geschichten, mit ihren Steinen und Gräbern.

Der hier zum Beispiel. Aufragender weißer Marmor, umzäunt von geschmiedetem Gitter, grünes Buschwerk. Acht Namen sind in die weiße Wand gegraben und mit Gold hervorgehoben, ein Familiengrab. Manifestation gehobener Bürgerlichkeit, den verehrten Herrn Regierungsdirektor senkten sie zuerst hinab, die treue Gattin folgte. Doch dann muss etwas durcheinandergeraten sein. Woher kommen die fremden Namen? Der Mann, der keinen Beruf vor's Sterbedatum graviert bekam? Eine unbotmäßige Liaison, unter Familienniveau, Tochter aus bestem Hause liebt mit heißem Herzen den Tagträumer aus dem Süden, Krach, Tränen, eine Flucht in der Nacht, Jahre des Schweigens; dann die Gewöhnung und im Tod die Versöhnung: Er darf auf die Marmorwand.

Oder hier, plötzlich und unerwartet, keine 40 ist er geworden, und ein Steinmetz musste einen Porsche aus schwarzem Marmor schnitzen. Ein Leben auf der Überholspur mit Geld und Frauen und Urlaub in der Karibik und der leisen abendlichen Trauer darüber, dass nichts davon das Glück bringt. Beschleunigungen, bis dann einmal die Kurve zu eng war und das Risiko zu groß; eine endlose Sekunde, ein Schlag, das Ende.

Dort, der Engel! In Bronze gegossen wacht er flügelschlagend und grünspanüberzogen über einer Steinplatte, eine schöne Frau, die dem alten, einsamen Mann, der da liegt, nicht von der Seite weicht. Das schlichte Kreuz, das sich über hundert Blumen erhebt: Ein Paar, das sich geliebt hat bis zum Schluss, einfache Leute, die in der Erinnerung der Kinder und Enkel leben und da sind. Ein Kindergrab, darauf die Figur des Mario aus dem Nintendo-Spiel, Nintendo DS wohlgemerkt. Die Schauspielerin, die nur ihren Vornamen auf den Stein hat gravieren lassen und doch von ihren Verehrern gefunden wird; rote Rosen lassen ihre Köpfe hängen. Wer sie hingelegt hat? Ein letzter Verehrer, die gute Freundin, der Schauspielerverband?

So holen wir die Toten für einen Moment zurück und enträtseln ihre Geschichten. Traurige und heitere, tragische und komische, unglaubliche und banale. Erzählen uns von erfüllten Leben und unerfüllten Träumen. Manchmal werden wir frech und steigern uns ins Absurde oder spotten über das Fassadenhafte mancher Grabstätte, über's geschmacklos Pathetische und gewollt Künstlerische. Oder suchen nach Leuten, die wir schon überlebt haben, was wohl mit dem zunehmenden Alter zusammenhängt.

Doch die Frechheit bleibt zärtlich, der Spott leise: Man muss hier niemanden mehr bekämpfen, korrigieren, verändern oder erziehen, die hier haben ihr Leben gelebt, und anders als bei richtigen Verwandten geht der Blick nicht im Zorn zurück. Vielleicht war ja der mit der weißen Marmorwand gar kein Spießer, sondern einer, der Fremden mit Toleranz begegnete, der mit dem Porsche ein biederer Automechaniker, der Einsame mit dem Engel gesellig, das Paar unter'm Kreuz zermürbt vom schwelenden Hass aufeinander. Das mag alles so sein, aber unsere Geschichten sind viel zu schön, um falsch zu sein. Sie lösen sich von denen, die da liegen, sie leben ein kurzes, luftiges Eigenleben und entfliegen wie Seifenblasen, und die Blätter flüstern dazu. Es sind unsere Geschichten, die den Gräbern entsteigen, unsere Träume und unsere Ängste, nicht zu leben, was wir leben wollen. Wir spielen mit dem Leben, anerkennen fröhlich die eigene Begrenztheit, ahnen heiter unseren Tod. Urne oder Sarg? Wo möchtest Du liegen – unter Bäumen oder mit Aussicht? Würdest Du Dir einen Bronzeengel aufs Grab stellen? Einen Bibelspruch einmeißeln lassen? Welchen? Beim Sarg sind wir uns einig, über den Rest streiten wir, bis die Gießkannenträger aufmerksam werden.

Bevor wir wieder hinaus auf die Straße treten, küssen wir uns, zart, schüchtern, um niemandes Ruhe zu stören. Eine halbe Stunde lang hat das Leben den Atem angehalten. Jetzt kann sie kommen, die Wirklichkeit.

Das Berühren

Meinrad Dufner

Meinrad Dufner, geb. 1946, Studium der Philosophie und Theologie, Mönch der Abtei Münsterschwarzach, Priester, geistlicher Begleiter und Maler. Meinrad Dufner ist von 1971 bis 1978 Internatserzieher, Kunsterzieher und Leiter des Schultheaters am abteieigenen Egbert-Gymnasium, von 1982 bis 1993 Novizenmeister der Abtei und seit 1991 spiritueller Begleiter im Recollectio-Haus in Münsterschwarzach. Er präsentiert in zahlreichen Ausstellungen seine künstlerischen Arbeiten. 2004 besucht er die Sommerakademie der bildenden Künste in Salzburg bei Prof. Xenia Hausner. Meinrad Dufner ist Autor und Co-Autor zahlreicher Bücher.

Soll von Inspiration gesprochen werden, muss ich weit in meine Kindheit zurück. Da mir ein Kindergarten erspart blieb, hatte ich Elternhaus und väterliche Fabrik als riesige Spielwiese. Da gab es keinen Winkel, der meine Phantasie nicht berührte. Die Lastwagen, die Fernfahrer, die Dampfmaschinen, die Webstühle, die Spinnmaschinen, die vielen Autos, die Lagerhallen, die großen Räume.

Wir, das heißt Brüder, Cousins, ich und die Nachbarskinder, wir spielten tagein, tagaus: Verstecken, Fangen, Häuser bauen; kamen wir vom Sonntagsgottesdienst, spielten wir »Pfarrerles«, wofür wir uns alles nötige Zubehör bastelten. Aber noch wesentlicher als die günstigen Bedingungen war es, meinen Vater als den großen Vorspieler zu erleben. Er hat sich selbst und seine Geschäfte natürlich seriöser beurteilt, dennoch: Er war ein Spieler.

»Aus allem kann man etwas machen«, hat er oft gesagt. Deshalb hatte er seine glücklichsten Stunden beim Suchen und Graben auf Schrottplätzen.

Aber er hielt es auch so mit den Menschen. Jeder Anhalter wurde mitgenommen, bis der Wagen voll war. Die Fahrgäste mussten sich dann seinem Fragen und Interesse stellen. Sie haben mit ihrem Erzählen »bezahlt«.

In diesem Milieu ist meine Intuitions- und Inspirationsgabe gewachsen. Mich inspiriert, was gerade ist.

Ich laufe über das Abteigelände und sehe ein altes Holzstück und weiß, was daraus noch werden könnte. Ich finde versägte Hölzer oder Bleche und sehe Figuren, Spielzeuge, Tiere und Wesen. Was andere wegwerfen erscheint mir so spannend mit Geschichte beladen, dass es sogleich eine Erzählung freigibt. So kann ich Möbel und Kleider, Gebäude oder Bäume sehen, sie alle tragen einen Roman an Leben in sich.

Bin ich bei der Arbeit im Atelier – dann ist der Raum schon Inspiration für sich. Hier hängen Masken, dort lehnt ein Bild, dort stehen die Werkzeuge und Pinsel, Modelle an den Wänden, dort ist ein Spruch und immer gehörig viel Unordnung, die so malerisch schön sein kann, von Moment zu Moment neu.

Beim Arbeiten gibt es Gelingen und Misslingen. Aus Erfahrung weiß ich aber, dass jede Panne eine Einladung zu neuem und anderem Versuch ist. Probier es anders! »Umwege erhöhen die Ortskenntnis.« Die unerwarteten Fehler sind meistens Türen in neue Räume und neue Erkenntnisse. Ich lasse mich vom Prozess des Schaffens führen, das Material weiß mehr als ich, es führt. Noch mehr leitet die Intuition. Ich beurteile sie nicht, ich führe sie aus. Danach weiß ich, was sie wert war.

Schließlich ist mir als Maler das Licht eine dauernde Quelle neuer Wirklichkeitssicht. In anderem Licht ist alles eine andere

Situation, ein anderes Ding, ein anderer Ausdruck. Daraus folgere ich die ständige Beweglichkeit von allem. Sie belehrt aber nur den, der mit ihr geht.

Das führt mich von den Dingen und Vorgängen zu den Menschen. Ich lerne ständig in den Gesprächen, da ich das Erzählte nur wahrnehmen kann vor der Folie des Eigenerlebten; da aber das Erzählte auch Eigenerlebtes mir neu – in der Sicht des anderen – interpretiert.

Gleichzeitig erweckt es eigene Lebendigkeit, Gefühle und Einsichten, wenn man sein Gegenüber lieb hat für die Zeit des Gespräches. Man kann nie genug Mensch wahrnehmen, und es dabei selber immer mehr werden.

Auf Reisen fotografiere ich nicht. Ich bin aber im Fluss des Erlebens. Bilder gehen ständig in mich ein und ich erlaube es ihnen. Das allerdings macht dünnhäutig, ja schutzlos nackt. Deshalb meide ich Brutales oder Okkultes, ich gebrauche kein Internet und bin nicht mobil erreichbar. Ich schreibe alles mit der Hand und bleibe in vielem ein bäuerisch-handwerklicher Mensch. Diese Verlangsamung und Unmittelbarkeit bewahrt mir die körperliche Nähe zur Wirklichkeit. Aus Berührung weiß ich.

Aber nicht nur aus Berührung. Das steht nur für alle Sinne. Je sinnlicher, desto geistlicher kann man erfahren, so die Begegnung gelingt.

Mich inspiriert, was ist. Deshalb halte ich inne und höre, was man gerade hören kann: die Autobahn, die Amsel, die Uhr, die Stille dazwischen.

Ich stehe und schaue, kann schauen ohne mich zu bewegen, manchmal fürchte ich, fast ohne zu atmen.

Ich berühre soviel, wie ich darf. Schade, dass in Museen nichts angefasst werden soll.

Und Menschen lasse ich auf mich wirken. Ich gehe ihre Schönheit suchen. Ist die gefunden, bekommt alles, was sie tun und sagen, eine neue Dimension. Das Geheimnis ist da.

Schließlich: Mich inspiriert mein eigenes Wesen. Die Beweglichkeit meines Leibes macht mich überhaupt beweglich. Die Dünne meiner Haut macht mich berührbar für das, was ist. Die Gefühle meines Herzens nehme ich ernst, und habe gelernt ihnen zu gehorchen. Die Gedanken, die mir meine Schwarzwaldvernunft sagt, lasse ich gelten. Sie helfen mir im Wirrwarr von Meinungen, die eigene noch zu bemerken. Ich bin gerne dieser begrenzte Mensch, nicht der Nabel der Welt. Aber diesem Begrenzten erschließt sich ständig der weite Raum des Hier und Jetzt. Diesem Begrenzten bleibt im jeweiligen Hier und Jetzt genug Freiheit, eine große Freiheit, ich selber zu sein.

So inspiriert mich zu guter Letzt der, der ich bin, so, wie ich bin und vor allem, wohin mein Wesen noch wachsen will.

Jetzt könnte Schluss sein. Aber ich frage mich, und mancher Leser fragt sich: Warum hat er von Bibel, von Gott, von Glaube gar nichts gesagt?

Jawohl, davon ist nichts ausdrücklich gesagt. Für mich ist alle Religion nur so viel lesbar, als das eigene Leben schon lesbar geworden ist. Gott ist der Gott der Geschichte, auch der meinen. Also braucht er meine Geschichte, ich brauche meine Geschichte, um seine Geschichte zu lesen.

Mich inspiriert das Rätsel meines Lebens, das ständig hereindrängt. Ich löse es aber nur im Fluss des Lebens – im Vergessen, dass etwas enträtselt werden solle.

So habe ich lieb, was gerade ist, es führt mich und zeigt mir, zuletzt mich mir selbst; da wird dann Gott schon dabei sein, wo soll er denn sonst sein, wenn nicht bei uns.

Die Stille

Peter Dyckhoff

Peter Dyckhoff, Pfarrer, Dr. theol., geb. 1937, zunächst Studium der Psychologie, viele Jahre Geschäftsführer eines mittelständischen Unternehmens. 1977 startet Peter Dyckhoff einen totalen Neuanfang: Er studiert Theologie an den Universitäten Münster, Innsbruck und Brixen und dissertiert über »Gebet als Quelle des Lebens«. Er wird 1981 in Brixen zum Priester geweiht, danach ist er Wallfahrts- und Krankenhausseelsorger im Marienwallfahrtsort Kevelaer, später Gemeindepfarrer in der Diözese Hildesheim. Dort baut er die bischöfliche Bildungsstätte »Haus Cassian« auf und leitet diese. 1999 kehrt Peter Dyckhoff in seine Heimatdiözese Münster zurück und wird dort Leiter und Referent von Exerzitien-Kursen. Er ist Autor mehrerer Bücher und Publikationen zur christlichen Gebets-, Meditations- und Exerzitienpraxis. Sein Lebensthema ist das innere Gebet, das Ruhegebet.

Die Einladung, einen Beitrag zur Festschrift anlässlich des 65. Geburtstages von Pater Dr. Anselm Grün zu leisten, war für mich Anlass, über das, was mich am meisten inspiriert hat, nachzudenken.

»Alle Dinge sind rastlos tätig, kein Mensch kann alles ausdrücken, nie wird ein Auge satt, wenn es beobachtet, nie wird ein Ohr vom Hören voll.« (Koh 1,8)

Um wie viel mehr ist es daher »notwendig«, dass der Mensch Pausen einlegt, in denen er die Erfahrung der Stille macht. Bei der enormen Reizüberflutung, der wir ständig ausgesetzt sind, muss zur Ruhe der Nacht eine weitere, geistige Erfahrung der

Stille hinzukommen, damit wir nicht krank werden. Abgesehen von den vielen Fernsehprogrammen, die ein- oder auszuschalten in unserer Hand liegt, muss ich mich gezwungenermaßen vielen visuellen und akustischen Reizen aussetzen. So läuft zum Beispiel bei meinem Zahnarzt ununterbrochen in allen Räumen das Radio, sodass ich Fragen während der Behandlung oftmals nicht richtig verstehen kann. Im Wartezimmer meines Internisten sind die Stühle auf einen Großbildschirm ausgerichtet, auf dem neben Pharmaziereklame Unterhaltungsfilme gezeigt werden. Supermärkte verstehen es, in ständig laufende Musikprogramme ihre Werbung einzustreuen, Drogeriemärkte zeigen lautstark sich immer wiederholende Videos, auf denen hauseigene Produkte angeboten werden. Und selbst in einigen Kirchen, in denen ich eigentlich Stille suche, erlebe ich geistliche Musik von CDs, die ganztägig oder vor Gottesdiensten spielt. Allmählich gibt es überall Verstärker – doch dass dadurch die leise Sprache Gottes hörbar wird, möchte ich bezweifeln.

Es gibt jedoch auch – und das gerade verstärkt in letzter Zeit – eine Gegenbewegung. Nicht nur privat oder von kirchlicher Seite werden Räume der Stille geschaffen, sondern auch bei anderen öffentlichen Einrichtungen. So stellt zum Beispiel die Polizei in Köln ihren Mitarbeitenden einen großen Raum der Stille zur Verfügung. Dort haben diese die Möglichkeit, sich von Einsätzen und dramatischen Eindrücken zu erholen und neue Kraft zu schöpfen. Auch Angeklagten wird vor der Verhandlung angeboten, diesen Raum zu nutzen, um sich zu sammeln. Ein Buch liegt aus, in das jeder seine Bedrängnis, seine Wünsche oder Anliegen eintragen kann. Räume der Stille finden sich bereits auf vielen Flughäfen rund um die Welt, und in Kur- und Erholungszentren dürften diese selbstverständlich sein. Es muss Zeiten der Stille und des Schweigens geben, in denen wir uns von allem Sichtbaren und Hörbaren lösen und uns dem »Unsichtbaren« zuwenden. Wenn wir unser Leben entsprechend einrichten, werden wir von dem Zuviel und der damit verbundenen Dunkelheit befreit, sodass uns das Licht, Christus, einleuchten kann.

»Sooft ich unter vielen Menschen weilte, war ich beim Heimgehen weniger Mensch«, schreibt der stoische Philosoph Seneca in seinem siebten Brief. Machen wir nicht oft dieselbe Erfahrung nach langen Unterhaltungen? Wir sollten lieber schweigen als zu viel reden, denn es ist nicht einfach, beim Reden das rechte Maß zu finden. Möchten wir, dass unsere Innerlichkeit schneller zur Entfaltung kommt und wollen wir mehr aus unserer Mitte leben, so ist es ratsam, sich oftmals in die Stille zurückzuziehen und große Menschenansammlungen zu meiden. Wenn Jesus immer wieder in die Einsamkeit ging, um im Gebet mit seinem himmlischen Vater allein zu sein, um wie viel mehr haben wir es nötig, das Eine, die Stille, dem Vielen vorzuziehen?

Nur der kann sicher in der Öffentlichkeit auftreten, der auch gern im Verborgenen bleibt und die Stille liebt. Nur der ist sicher im Sprechen, der auch gern schweigt. Nur der kann sichere Entscheidungen treffen, der in sich ruht und einen weiten Blick hat. Nur der kann sich wahrhaft freuen, dessen Leben äußerlich und innerlich wohlgeordnet ist und der ein gutes Gewissen hat.

Wie viel Zeit setzen wir ein, um zu essen, zu trinken, zu schlafen, zur Körperpflege, zur Erholung ...? Bestimmte Verpflichtungen der Natur gegenüber müssen selbstverständlich eingehalten werden. Doch wo bleibt in unserem Leben Raum und Zeit für das Gebet, für das Schweigen und die Ruhe, von der Gott am siebten Schöpfungstag spricht? Um in ein gesundes Gleichgewicht zu kommen oder in ihm zu bleiben, ist es neben unseren anderen Aufgaben notwendig, ein Siebtel unserer Zeit in der von Gott geheiligten Stille und Ruhe zu verbringen. Zieht man die Nachtstunden ab, so verbleiben für jeden Tag ungefähr eineinhalb Stunden, die wir – aufgeteilt in zwei oder drei Einheiten – darauf verwenden sollten, Ruhe zu suchen, um Leben spendende Stille zu erfahren.

Die tiefe Ruhe für Körper, Geist und Seele befreit uns von schmerzhaften, im Wege stehenden Eindrücken und bringt uns dem Urgrund der Schöpfung, Gott, näher. Mögen doch mehr Menschen Einsicht erhalten in die tiefgreifenden Zusammenhänge, die wir in der Stille und beim Gebet erfahren, und in unserer Aktivität, von der wir uns wünschen, dass sie erfolgreich und erfüllend sein möge. Wir sollten uns an großen Persönlichkeiten orientieren, die immer wieder in die Stille gingen, um dort wesentlich zu werden und Kraft zu sammeln für neue Aufgaben. Es ist wichtig, von der Oberfläche durch Schweigen und Stille nach innen zu gehen:

- Wenn es dir nicht möglich ist, täglich Kraft aus der Stille zu ziehen, dann versuche wenigstens einmal wöchentlich für einige Stunden dich in die Stille zurückzuziehen.
- Unterbreche bewusst die Routine des Alltags.
- Wähle einen Ort, an dem du dich wohlfühlst (zu Hause, in freier Natur, in einem Kloster).
- Meide in deiner Zurückgezogenheit Begegnungen mit Menschen sowie neue Eindrücke jeglicher Art.
- Genieße die Natur, genieße die Stille – ohne dich in irgendeiner Weise anzustrengen.
- Lass deine Gefühle, Gedanken, Vorstellungen und Bilder zu, so wie sie von selbst kommen und von selbst wieder verschwinden.
- Wenn du ihnen Ausdruck verleihen möchtest, zögere nicht, dies in der jeweils einsprechenden Form zu tun.

- Trage Sorge, dass die vielen Eindrücke nicht überhandnehmen und du sie beizeiten ausdrückst.

Was ich an anderer Stelle bereits geschrieben habe, möchte ich hier nochmals betonen: Wir dürfen und müssen uns in der Begrenztheit unseres menschlichen Wesens immer wieder in die Stille zurückziehen, um nicht leer und krank zu werden. Es darf nicht sein, dass wir in einen Stress hineingeraten, der uns dem wahren Leben mehr und mehr entfremdet. Haben wir Mut zum Fragment, denn alles können wir nicht leisten!

Bedenke noch einmal: Körper, Geist und Seele gehören zusammen. Wenn du einem von ihnen etwas zufügst, leiden die anderen mit. Um diesen untrennbaren Zusammenhang noch besser zu erspüren, suche immer wieder die Stille und werde durch sie empfindsam in deiner Wahrnehmung. Um sensibler und klarer wahrzunehmen, achte darauf, dass dein Leben ausgewogen ist:

- Weder die Ruhe und Stille noch die Aktivität dürfen überhand nehmen.
- Gönne dir Zeiten, in denen du allein bist und schweigen kannst.
- Schaffe dem stillen Gebet einen Platz in deinem Alltag.
- Achte auf genügend Schlaf.
- Nimm – besonders abends – nicht zu schwere Nahrung zu dir.
- Halte dich mit voreiligen Äußerungen über andere Menschen zurück.

Übe des Öfteren innere Einkehr: Ziehe dich in die Stille zurück und nimm dich – was du fühlst, denkst, sprichst und tust – rückblickend wahr; lass aufkommende Gefühle jeglicher Art zu; ordne deine Gefühle wie auch deine Gedanken; beschäftige dich mit einem kurzen geistlichen Text und lass ihn auf dich wirken; gib dann im Gebet der Hingabe alles, was dich bewegt, ab und lass dich in der tiefer werdenden Stille und Ruhe in die Nähe Gottes führen.

»Meine Seele, Herr, kann die Ruhe und Stille, die allem Geschaffenen zugrunde liegt und nach der alles Geschaffene sich sehnt, nur in dir allein finden.

Öffne mir den Weg über alles Sichtbare hinaus, über alles Denk- und Vorstellbare zu dem, was auch jenseits aller Gefühle als stiller Quellgrund in dir verborgen ist.

Herr, zeig mir den Weg und gib mir die Kraft, mich für die Zeit des Gebetes ganz auf dich zu verlassen.

Mein Ich möchte ich dir hingeben und alles von dir Geschaffene überschreiten, um bei dir zu sein und in deiner Ruhe zu ruhen.

Ich schließe in dieser Zeit meine Augen und lasse in der Anrufung deines Namens alles zurück, was mich auf dem geraden Weg zu dir hindert. Wenn ich meinen Geist und meine Seele in deine Hände lege, kann mich nichts mehr, was geringer ist als du, von der anziehenden, liebevollen Bewegung zu dir abhalten. Das, was sonst mein Leben bereichert und verschönt, lebenswert macht und beglückt, opfere ich dir im Gebet der Ruhe.

Führe mich, Herr, im stillen Gebet der Hingabe den Weg in die göttliche Ruhe – über die Gemeinschaft der Heiligen hinaus, über Engel und Erzengel, über alles Sichtbare und Unsichtbare, über alles hinaus – zu dir.« (Peter Dyckhoff, Auf dem Weg in die Nachfolge Christi, Freiburg/Br. [6]2009, S. 184f)

Möge diese göttliche Ruhe Anselm Grün weiterhin die inspirierende Kraft geben, seine so wichtigen Anliegen und Aufgaben zu verwirklichen.

Die weite Hoffnung

Katrin Göring-Eckardt

Katrin Göring-Eckardt, geb. 1966, Studium der Theologie, Bundestagsabgeordnete für Bündnis 90/Die Grünen, Vizepräsidentin des deutschen Bundestags. Katrin Göring-Eckardt ist Präses der Synode der evangelischen Kirche in Deutschland und Präsidentin des 33. Evangelischen Kirchentages 2011 in Dresden. Katrin Göring-Eckardt ist verheiratet und hat zwei Kinder. Von ihr gibt es Publikationen zu den Themen Familie, Sterbebegleitung sowie Fragen der Wertevermittlung.

Was gibt mir Kraft, was macht mir Mut, was stößt in mir neue Gedanken an? Je länger ich darüber nachdenke, desto deutlicher kristallisieren sich dabei zwei Dinge heraus. Es ist das Wort Gottes und es ist das Meer. Beides wegen der innewohnenden Weite und weil es sich immer verändert.

Zunächst das Gotteswort: Ich suche seine Nähe ganz bewusst jeden Tag – in den Herrnhuter Losungen. Manchmal kurz vor dem Aufstehen, bevor der Tag beginnt oder später am Schreibtisch, beim ersten Blick auf den Computerbildschirm. Manchmal erst mitten am Tag, wenn der Wunsch, Atem zu holen schon groß ist und spätestens am Abend. Die Erinnerung an das, was wir glauben, durchbricht immer für einen Moment den Alltag, das Treiben. Manchmal ist dieser Moment winzig, flüchtig, aber immer da. Das Wort verbindet sich mit meinem Tun, mit meinem Leben. Es macht nachdenklich oder fröhlich, schenkt Erkenntnis oder Hoffnung. Der gleiche Vers, zu anderer Zeit gelesen, kann wieder etwas ganz anderes bewegen in mir. So ist jede Begegnung neu, spannend. Und immer weitet mir das Wort Herz und Verstand.

Die Weite ist es auch, die mir das Meer so wertvoll macht. Am Strand zu stehen, auf das Rauschen zu hören und auf das leise Klicken der Kiesel, wenn das Wasser sich wieder zurückzieht, den Blick dabei auf den Horizont gerichtet, an dem Meer und Himmel ineinandergreifen – dann möchte ich nur noch tief durchatmen und still sein. Wo sich am Abend die Sonne kitschverliebt über ruhiger See verabschiedet hat, kann am nächsten Morgen schon Sturm sein, der Wellen auftürmt. Doch das vertraute Gefühl der Größe bleibt, dass Vertrauen darauf, dass so Vieles möglich ist.

Das Wort und das Meer sind mir Inspiration.

Die Treue

Gregor Maria Hanke

Gregor Maria Hanke, Bischof, Dr. theol., geb. 1954, Studium der Katholischen Theologie und Anglistik. 1981 tritt er ins Benediktinerkloster Plankstetten ein, wo er ein Jahr später seine Profess ablegt, 1983 folgt die Priesterweihe. Neben seiner Lehrtätigkeit an der Realschule des Klosters ist er in der Jugendarbeit im Einsatz, später übernimmt er im Kloster die Gästebetreuung. Er baut das Bildungshaus St. Gregor auf, das er bis 1990 leitet und in dem er auch selbst geistliche Kurse, Exerzitien und Einkehrtage gestaltet. Des Weiteren ist er maßgeblich am Aufbau der »Schule der Dorf- und Landentwicklung« im Kloster beteiligt. 1993 wird Gregor Maria Hanke zum Abt des Klosters Plankstetten gewählt. Am 14. Oktober 2006 wird er von Papst Benedikt XVI. zum Bischof von Eichstätt ernannt. Hanke ist bekannt für seine grundlegende ökologische Haltung, die über Wirtschaftsfragen weit hinausgeht. Für sein ökologisches Engagement (»Ökologie des Herzens«) erhält er im Jahr 2008 die Rachel-Carson-Medaille.

Die Treue als Frucht der Liebe: Es war Pfingsten, als ich mit Jugendlichen aus unserem Bistum Taizé besuchte und Frère Alois, der Prior der Brüdergemeinschaft, mich zu einem Gespräch einlud. Wir kamen auch auf die Beziehung der Brüder zur Bevölkerung des kleinen Ortes Taizé zu sprechen. Dabei erzählte er mir von einem Ehepaar im Dorf, das harte Jahre in materieller Armut durchlebt hatte. Vor 25 Jahren wurde der Ehemann infolge einer Krankheit vollständig gelähmt und somit berufsunfähig. Er konnte nicht mehr sprechen und sich nicht mehr bewegen. Die einzige Möglichkeit, mit der Umgebung in Kontakt zu treten, war die Bewegung der Augen. Nach mehreren Jahren häuslicher Pflege bot man von verschiedenen Seiten der Frau einen Pflegeplatz für ihren Mann in einem Pflegeheim an, da wegen des vorgerückten Alters beider die Pflege daheim zu beschwerlich schien. Die Frau, so Frère Alois, lehnte dieses Angebot entrüstet ab. Sie wollte ihren Gatten bis zu seinem Hinscheiden oder bis zu ihrem eigenen Tod zu Hause behalten. Ihren ganzen Lebensrhythmus richtete sie auf die Pflege ihres Mannes aus. Kurz vor Pfingsten dieses Jahres war der Mann verstorben. Bei meinem Besuch der Dorfkirche von Taizé sah ich, wie man das Grab für ihn auf dem Friedhof aushob. Frère Alois berichtete, dass die Frau zu ihm gekommen war und die Brüdergemeinschaft gebeten hatte, für ihren verstorbenen Mann zu beten und eine Totenliturgie zu feiern. Sehr berührt sagte Frère Alois, dass die Brüdergemeinde zahlreich an der Beerdigung teilnehmen werde, denn die Treue der Frau zu ihrem Mann sei auch für den geistlichen Weg der Brüder ein beeindruckendes Zeugnis. »Ist eine solche Treue nicht ein Geschenk der Gnade Gottes an uns?«, so Frère Alois.

Gewiss stellt eine solche Situation auch für überzeugte Christen eine Herausforderung dar, die zunächst viele Fragen und Zweifel aufwerfen kann. Leid und Schicksalsschläge in Ehe und Familie zu bewältigen, ist kein einfacher Weg. Das werden viele aus eigener Erfahrung bezeugen können. Und doch dürfen wir das Beispiel dieser Frau als Ermunterung, als Zuspruch an uns annehmen, dass im liebenden Menschen große Kräfte frei werden. Treue ist die Kraft der Liebe.

Was aber macht dem Menschen von heute die Haltung der Treue so schwer, obgleich er sich so nach Liebe sehnt? Lebt nicht der moderne Mensch als Gefangener der eigenen Leistungskraft? Allein das, was ich selbst zu leisten und zu schaffen vermag, scheint das Leben wertvoll zu machen. Über die eigene Kraft hinaus erwartet der moderne Mensch nichts mehr. Er glaubt nicht so recht an die Kraft von oben, an die Kraft Gottes. Der Wert des Lebens wird an der eigenen Kraft und an der Summe der Eigenleistungen gemessen. Vergebung und Barmherzigkeit, die man sich ja nur schenken und zusprechen lassen kann, sind ihm fremd. Wie gnadenlos werden nicht Versagen und Fehler von Menschen in Verantwortung öffentlich abgehandelt? Aber auch in anderen Bereichen des menschlichen Lebens kann man Schwäche nicht ertragen. Schwindet die Gesundheit, die Lebenskraft des Menschen, gilt sein Leben nicht mehr als lebenswert. Deshalb wird in gewissen Kreisen der Gesellschaft der Ruf nach Ermöglichung aktiver Sterbehilfe laut.

Der Mensch darf nicht schwach erscheinen. Man glaubt, er kann nur gut leben, wenn ihm permanent Spaß gleichsam als Lebenselixier verabreicht wird. Fun, Kick, alles was Spaß macht braucht er. Erst wenn das Leben Spaß macht, glaubt man, einigermaßen verträglich existieren zu können. Wer den Menschen so schwach sieht, dass er ohne Fun nicht gut leben kann, der kann mit der Treue in guten und in schlechten Tagen nichts anfangen.

Dieses Denken beeinflusst auch Christen. Treue ist aber weit mehr als das augenblickliche Gefühl der Zuneigung, Treue ist mehr als die Zusage: Wir bleiben beisammen, solange wir eben können, solange zwischen uns die Chemie stimmt. Treue kommt aus einer Kraft, die mich weiterschauen lässt, die mich über Hindernisse und Widerstände schauen lässt bis hin auf Gottes Liebe. Treue ist die Frucht der Liebe.

Die Treue Gottes als Kraftquelle menschlicher Treue: Treue ist eine Haltung, eine Eigenschaft Gottes. Davon legt die Geschichte Gottes mit den Menschen Zeugnis ab. Gott bleibt dem Menschen treu, wenngleich sich der Mensch von ihm abwendet, sündigt und seine Gebote und Weisungen nicht befolgt. Ja, Gott bleibt sogar dann treu, wenn ihn der Mensch verlässt. Gerade wegen der Abkehr des Menschen von Gott hat dieser treue Gott seine ganze Kraft in die Welt, in den Menschen investiert. Er geht dem Menschen nach bis in seine schrecklichsten Dunkelheiten und holt ihn durch das Kreuz Christi von dort heraus. Er macht den Menschen stark durch die Geistsendung, sodass er sich als Kind Gottes erfährt und auf die Zukunft bei Gott vertraut.

Der Mensch begreift die Treue Gottes nicht, leistet sogar Widerstand, aber Gott vergibt immer wieder. Gottes vergebende Liebe ist ein anderer Name für seine Treue.

Ich brauche die Erfahrung der Treue Gottes zu mir, damit ich in meinem Leben Treue leben kann. Wer sich von Gott beschenkt weiß, wer Gott als Weggefährten erfahren hat, wer selbst Gottes Barmherzigkeit und Vergebung genießt, weiß, was Treue ist und kann Treue leben. Treue als Geschenk Gottes an den Menschen, das den Menschen glücklich macht.

Die Treue als prophetisches Zeichen: Weil Gott treu ist und dem Menschen seine Treue schenkt, können sich Menschen Treue versprechen. Beim Treueversprechen im Trauungsritus: »Ich will dich lieben in guten und in schlechten Tagen und dir die Treue halten«, setzen Mann und Frau einen prophetischen Akt. Sie versprechen sich etwas, das noch nicht da ist, sie rufen die ganze für sie noch unüberschaubare Zukunft in den Augenblick des Versprechens herein und übergeben die Zukunft Gott.

Allein weil Gott im Spiel ist, kann der Mensch solch ein Versprechen wagen und darf hoffen, dass die menschliche Kraft von der Kraft Gottes begleitet wird. Je weniger vom falschen

Ego des Menschen im Spiel ist, desto mehr kann Gottes Kraft wirken.

Die gelebte Treue der Eheleute ist ein prophetischer Dienst, ein prophetisches Zeugnis in der Kirche und in der Gesellschaft, nicht nur deren Privatangelegenheit: Sie, die Eheleute, vergegenwärtigen durch ihre eheliche Treue die Treue Gottes zu seinem Volk. Die Kirche braucht diesen prophetischen Dienst der Eheleute.

Der Jazz

Hans-Olaf Henkel

Hans-Olaf Henkel, Dr. h.c., geb. 1940, Studium an der Hamburger Hochschule für Wirtschaft und Polititk, ab 1962 bei IBM, zunächst in einer firmeninternen Ausbildung, schnell jedoch in verschiedenen Managementfunktionen tätig, insgesamt 17 Jahre Auslandsaufenthalt, 1987 Vorsitzender von IBM. 1992 Verleihung des Ehrendoktortitels sowie Auszeichnung vom World Wide Fund for Nature (WWF) und dem Wirtschaftsmagazin »Capital« zum »Ökomanager des Jahres«, 1993 IBM-Chef Europa, Mittlerer Osten und Afrika, 1995 Präsident des BDI, 1998 Auszeichnung mit dem »Kreuz des Südens« durch den Präsidenten Brasiliens, 1999 Verleihung des »Orden des Heiligen Schatzes« durch den Kaiser von Japan, seit 2001 Präsident der Wissenschaftsgemeinschaft Gottfried Wilhelm Leibnitz und Honorarprofessor an der Universität Mannheim. Er lehrt »Internationales Management« und ist Verfasser zahlreicher Veröffentlichungen und Bücher. Henkel tritt für die Globalisierung, die Föderalismusreform, für »eine Reform der Reformfähigkeit«, für »weniger Staat im Staat« ein, er ist Gründungsmitglied des Konvents für Deutschland, Mitglied bei Amnesty International sowie Vater von vier Kindern.

Mich inspiriert Musik, vor allem Barockmusik und Jazz. Zur Barockmusik kam ich über meine Mutter, die ihren Kindern jeden Sonntag eins der Concerti Grossi, die Wassermusik oder die Feuerwerksmusik Georg Friedrich Händels von 78er Schellackplatten vorspielte. Jazz entdeckte ich als 14/15-jähriger Junge im BFN, dem British

Forces Network in Hamburg. Dort gabe es jeden Werktag den »seventeenhundred club«, eine Sendung, die immer um 17 Uhr eine Stunde Jazz brachte, am Anfang sogar noch mit Chris Howland als Disc-Jockey. Seitdem höre ich abwechselnd mal eine Händel-Oper, zum Beispiel »Xerxes« oder »Ronaldino« oder eine CD mit einem Konzert der »Jazz At The Philharmonic«.

Selbst wenn ich am Laptop ein Kapitel eines neuen Buches oder einen Essay schreibe, dudelt für mich Barock oder Jazz im Hintergrund. Inzwischen glaube ich auch, dass beide Musikrichtungen eines gemeinsam haben: Sie swingen! Mich stört diese Musik überhaupt nicht bei der Konzentration, sie inspiriert mich.

Diese Inspiration hoffe ich auch als »Disc-Jockey« den Hörern von Berlins Jazz-Radio 101,9 vermitteln zu können, wenn ich dort – ehrenamtlich versteht sich – jeden Sonntag von 12 bis 13 Uhr das »Hans-Olaf Henkel Jazz Brunch« moderiere. Übrigens, das kann man nicht nur auf UKW in Berlin sondern über Internet von überall in der Welt hören. Vielleicht wählt sich ja auch Anselm Grün da mal ein: www.Jazz-Radio.net

Die Kunst

Claus Hipp

Claus Hipp, Dr. jur., geb. 1938, Jurastudium, Unternehmer und Geschäftsführer, Entwicklung des gleichnamigen Unternehmens zu einem der führenden Hersteller für Babynahrung, zahlreiche Auszeichnungen. Von 1998 bis 2004 als Präsident an der Spitze der Industrie- und Handelskammer für München und Oberbayern. Zugleich ist er Präsident des Bayerischen Industrie- und Handelskammertages sowie seit 2001 Vizepräsident des Deutschen Industrie- und Handelskammertages. Seit 1996 engagiert sich Claus Hipp als Schirmherr der Münchner Tafel e.V. Er ist praktizierender Katholik und setzt sich beruflich und privat für ethisch-ökologisches Handeln ein. Claus Hipp ist unter dem Namen Nikolaus Hipp als freischaffender Künstler tätig. Er gilt als renommierter Musiker und ist ausgebildeter Maler. Seine abstrakten Werke werden unter anderem in New York, Paris und Kiew erfolgreich ausgestellt.

Inspiration kommt für mich aus der Ruhe. Ruhe finde ich beim Gebet und in der Natur. Wenn ich mich kreativ, konzentriert beschäftige, dann schalte ich die Vielfalt der Gedanken ab. Das ist zum Beispiel, wenn ich Oboe spiele. Beim Malen erlebe ich, dass ich auf Inspiration warte. Dann ist es besser, die Arbeit zu unterbrechen, weil sonst geistloses Tun passiert. Geschäftliche Lösungen, um die ich tagsüber ringe, fallen mir oft ganz von selbst in der Nacht ein. Erst wenn ich zur Ruhe gekommen bin, kann ich auf die Inspiration hören. Sicher wäre es gut, wenn wir in der Kirche mehr Zeiten der geistigen Ruhe hätten und etwas weniger Aktivismus.

Die Musik

Hans-Jürgen Hufeisen

Hans-Jürgen Hufeisen, geb. 1954, Studium der Musikpädagogik, Blockflöte und Komposition, freischaffender Komponist, Produzent und Musiker, Schaffung großer Bühnenwerke, u.a. für den Evangelischen Kirchentag, und zahlreicher Hörbücher. Hans-Jürgen Hufeisen ist virtuoser Blockflötenspieler, Komponist, Arrangeur, Choreograph – ein Multitalent, ein kreativer Schaffer, der seine Energie und Inspiration durch verschiedene Produktionen und Produkte manifestiert. Sein Schaffen umfasst über 30 CDs, er gibt ungefähr 40 Konzerte pro Jahr. So hat er beispielsweise in der Schweiz anlässlich der Jahrtausendwende das Mysterienspiel »Der helle Morgenstern« für den Kanton Wallis komponiert, inszeniert und choreographiert: ein Werk für Mezzosopran, drei Knabensoprane, zwei Chöre, Orchester und Bewegungstheater, mit insgesamt 1500 Mitwirkenden.

Als ich etwa neun Jahre alt war, bekam ich den Auftrag, bei der jährlichen Weihnachtsfeier in meinem Kinderheim von der obersten Stufe des großen Treppenhauses aus das Solo des Engels zu singen. Als ich dort oben stand, unter mir der von Kerzen erleuchtete Raum mit den vielen Menschen, und mit meiner hellen Sopranstimme sang »Ehre sei Gott in der Höhe – und den Menschen ein Wohlgefallen«, durchzuckte es mich: Das ist es, so möchte ich sein: in erwartungsvolle Stille hinein mit meiner Musik Freude bringen.

Meine Kindersopranstimme ist verklungen, aber ich habe ja meine Flöte. Meine erste Lehrerin hatte sie mir in die Hand gelegt mit den Worten: »Geh in den Wald, höre den Vögeln zu und mache es ihnen nach.« Das fand ich von Anfang an viel reizvoller als das Üben nach Noten. Bis heute suche ich gerne Landschaften auf, lausche ihrem Klang und Rhythmus, atme die reine Luft an einem See oder am Meer, lasse die Stille und das Licht auf mich wirken und antworte darauf mit den Tönen meiner Flöte. Dabei höre ich mit den Ohren meiner Seele, als klopfte ich an, um Antwort zu bekommen. Was ich dann höre, spiele ich, ich blase meine Seele nach außen. Wie mit Landschaften ist es auch mit Räumen. Ich spiele gern in alten Gemäuern. Jede Kathedrale oder alte Steinkirche hat ihren eigenen Raumklang. Wenn ich ihnen einen Ton zuspiele, antworten sie, als seien die Wände selbst Instrumente. Immer wird dabei die Luft in Schwingungen versetzt, wie ich ja auch mit der Flöte eine Luftsäule in Schwingungen versetze, und die Schwingung setzt sich durch die Luft fort.

Am liebsten spiele ich einfache, nachvollziehbare Melodien. Da finde ich einen reichen Schatz in Volksliedern und Chorälen. Dann klingt bei den Hörern Vertrautes an – und ich kann dem einen neuen Akzent geben, einen frischen Rhythmus anschlagen oder die Melodie mit Improvisationen verzieren. Volkslieder, selbst Choräle, sind ja ursprünglich meistens Liebes- und Tanzlieder. Meine Arrangements sind darum oft Tänze. Die Welt ist nach meiner Überzeugung ursprünglich Rhythmus, vor dem Klang, und alles Leben ist Tanz. Auch in Skulpturen von Käthe Kollwitz und Ernst Barlach sehe ich die ursprüngliche Bewegung darin und spiele sie dann.

Jede Landschaft hat ihre eigenen Rhythmen und Melodien. In den vergangenen Jahren war ich oft in Irland, in Jordanien und in Südfrankreich. In Irland mit seiner rauen Landschaft und seinen zahlreichen verwitterten Klosterruinen findet man viele beseelte Orte. Es ist immer bewegend, in einer Landschaft zu stehen, die jung wie am Schöpfungsmorgen scheint. Das hat mich veranlasst, auch nach der alten keltischen Musik zu suchen, und einiges davon habe ich neu vertont. In Jordanien hat es mir besonders die Stille der Wüste angetan, aber auch die in den Felsen gehauenen Räume von Petra haben mich bezaubert. In Südfrankreich kann man alte romanische Kirchen mit erstaunlicher Akustik entdecken, die am Pilgerweg nach Santiago di Compostela gebaut worden sind. Dort ist ja auch das Ursprungsland der Troubadoure, die in Europa die erste weltliche Musikkultur geschaffen haben. Niemand weiß mehr, wie sie ursprünglich geklungen haben, aber einiges ist doch erhalten und ich spiele es neu.

Den Troubadouren fühle ich mich verwandt. Wie sie reise ich von Ort zu Ort und spiele meine Musik. Ich bringe immer etwas Fernes und Fremdes mit mir. Das ist es ja, was meine Hörer erwarten, nicht das Alltägliche, Bekannte, sondern etwas, das von woanders her kommt und von jenem ersehnten Anderen erzählt, vom Zauber des Leichten und Schönen, von Heilung und Ankommen. Bilder dieser Sehnsucht lasse ich erklingen, spiele von Sternen und Engeln, von Blumen und immer wieder von Vögeln, die sich in die Luft schwingen und fortfliegen können.

Oft haben die Flötenklänge auch etwas Melancholisches. In jüngster Zeit mache ich oft in Musikschulen Station, um Kindern die Möglichkeiten des Flötespielens zu zeigen. Dann erzähle ich ihnen manchmal von dem Holz, aus dem die Flöte gemacht ist: Da wächst ein Baum, reckt sich in den Himmel, bildet Äste und bedeckt sich mit Laub. Im Sommer kommen viele Vögel und singen in seinen Zweigen. Wenn er gefällt wird, ist sein Holz doch nicht tot. Es muss lange lagern, aber dann kommt ein Meister und formt eine Flöte daraus. Und wenn ich die Flöte spiele, kommen aus dem Holz all die Melodien von Vögeln, die darin gespeichert sind.

Komponisten der Barockzeit haben Werke für die Flöte geschaffen – Vivaldi, Bach, Händel. Ich spiele gern die alten Meister, oft arrangiere ich auch große Stücke von ihnen für meine Flöte, aber die Literatur allein war mir bald nicht genug; so habe ich schon in jungen Jahren angefangen, selbst zu komponieren und zu arrangieren. Musik scheint mir immer ein Entdecken und ein Übersetzen von einem ins andere. Als Jörg Zink auf meine Bitte hin neue Texte für christliche Feiern geschrieben hat, hörte ich schon beim ersten Lesen die Melodie dazu. Jede Komposition muss ein kleines Kunstwerk in sich sein, eine klar formulierte Antwort, wie ich sie im Augenblick gebe.

Natürlich verdanke ich viel Inspiration den christlichen Festen wie Weihnachten und Ostern mit ihren Riten und Melodien. Wichtig waren mir auch immer Morgen- und Abendlieder. In ihnen klingen die Wahrnehmung von Sonne, Mond und Sternen und das Lebensgefühl in den verschiedenen Jahreszeiten am reinsten zusammen und können zum Gebet werden.

Was mein Schaffen befruchtet, sind viel Urlaub und nicht zuletzt der Erfolg. Der Erfolg hat mir die Freiheit gebracht, über meine Zeit zu verfügen, um zu reisen und neue Eindrücke aufzunehmen. Vor allem aber brauche ich Zeiten für Stille. Die Stille ist der Ursprung aller Musik. Da vergehen viele Tage im Schweigen und ohne zu reden. Und den Urlaub brauche ich natürlich auch, um wieder Lust zum Komponieren zu bekommen. Manchmal entsteht Neues aus dem Augenblick, dann notiere ich nur ein paar Noten. Arbeit machen dann die Arrangements, das Proben mit anderen Musikern und natürlich die Studioaufnahmen.

Aber letztlich bleibt die Kreativität ein Geheimnis aus dem Inneren, das ich nicht zu ergründen versuche, sondern aus dem ich schöpfe. Und wenn ich dann wieder vor ein Publikum trete und meine Flöten zur Hand nehme, bin ich jedes Mal erfüllt wie bei jenem ersten Mal, als ich als Neunjähriger den Engel sang.

Der Augenblick

Willigis Jäger

Willigis Jäger, geb. 1925, Benediktinermönch, Zen-Meister, 1946 Eintritt in die Abtei Münsterschwarzach, Studium der Philosophie und Theologie in St. Ottilien und in Würzburg, bis 1964 Präfekt und Lehrer im Internat der Abtei Münsterschwarzach, Gründer der ökumenischen Aktion Missio. Zahlreiche Reisen bringen ihn in Kontakt mit Zen, er ist Schüler des Zen-Meisters Yamada Ko-un Roshi, 1980 Lehrbeauftragung Zen, 1983 Gründung des Meditationszentrums St. Benedikt in Würzburg, Leitung bis 2001, seit 1986 Nachfolger von Buddha Shakyamuni, 1990 Gründung der Würzburger Schule der Kontemplation, seit 2003 spiritueller Leiter des Benediktushofes in Holzkirchen, einem Zentrum für spirituelle Wege. Veröffentlichung zahlreicher Bücher wie »Geh den inneren Weg. Texte der Achtsamkeit und Kontemplation« oder »Das Leben ist Religion«. Willigis Jäger lebt sowohl aus der Quelle der christlichen Mystik, als auch dem östlichen Zen und geht damit über die traditionellen Vorstellungen der Religionen hinaus. Er weist in seinen weltweit gehaltenen Kursen und Vorträgen Wege in eine tiefe spirituelle Erfahrung als Quelle für eine Erneuerung auf allen menschlichen und gesellschaftlichen Ebenen.

Pater Anselm traf ich zum ersten Mal 1958. Ich war Präfekt und Lehrer im Internat und Gymnasium der Abtei Münsterschwarzach. Er war mein Schüler. Ich lehrte Latein und Sport. In beiden Fächern war er hervorragend. Fußball war seine Leidenschaft. Wir spielten oft zusammen und es freute sich riesig, wenn er mir den Ball abnahm oder mich überspielte. 1960 trennten sich unsere Wege. Meine Arbeit führte mich zu Tätigkeiten außerhalb des Klosters. Erst in den 90-er Jahren kreuzten sich unsere Wege erneut. Wir sind beide seit dieser Zeit häufig zu Vorträgen unterwegs. Oft finden diese Vorträge an den gleichen Orten statt, er einige Zeit vor mir und ich nach ihm oder umgekehrt. Unser beider Anliegen ist die »Spiritualität«. Mir geht es vor allem um die transpersonale, die mystische Erfahrungsebene, der ich seit meiner Kindheit folge, und die sich mir in einem Zen-Zentrum in Japan noch einmal neu erschloss und mich inspirierte.

Was bringt diese neue Erfahrungsebene? Wir sind durchtränkt von der Idee, es gäbe eine bessere Welt. Wir meinen, es müsste doch eine Alternative zum Hier und Jetzt geben. Wir fordern eine Neuschöpfung. Die jetzige hätte zu viele Unvollkommenheiten. Dahinter steht die Meinung: Gott hätte auch eine bessere Welt schaffen können. Wir sind vom Wahn erfüllt, eine alternative Wirklichkeit sei möglich. Das Jetzt sei nur vorläufig. Wir fügen uns nicht ein ins kosmische Geschehen. Wir wehren uns gegen die scheinbare Auslieferung an Tod und Untergang. Aber das Geheimnis der Unsterblichkeit ist im Augenblick zu finden, oder es ist nicht zu finden. Das darf man jedoch nicht in einem harmlosen theoretischen Sinn verstehen. Was das wirklich bedeutet, ist intellektuell nur schwer zu begreifen. Die Realisation der Wirklichkeit ist nur auf einer tieferen Bewusstseinsebene möglich. Unser Ich hindert uns, diese Ebene zu erfahren.

In allen Menschen wohnt eine tiefe Sehnsucht, die das Göttliche selbst ist. Das Göttliche drängt in uns zur Entfaltung. Es stellt sich in uns Menschen als tiefe Sehnsucht dar. Es ist die Sehnsucht nach Heimkehr, nach einem Ort, wo wir geliebt und angenommen sind. Der Mensch erfährt sehr bald im Leben, dass kein Mensch dem anderen Menschen eine letzte Sicherheit geben kann, auch nicht der liebste. Es bleibt diese unüberbrückbare Trennung, diese Heimatlosigkeit, bis wir unser wahres Selbst gefunden haben, bis wir zu diesem wahren Selbst durch alle Verkrustungen und Fehlentwicklungen hindurchgebrochen sind. Der Mensch macht sich auf den Weg zu Gott, weil er diese tiefste Sehnsucht in sich trägt, die letztlich die Sehnsucht des Göttlichen selber ist.

Der Mensch ist ein »Homo religiosus«. Der göttliche Urgrund, das, was hinter seiner Ich-Struktur verborgen liegt, ist sein tiefstes Wesen. Von dort kommt er und dorthin möchte er zurückkehren, ob er darum weiß oder nicht. Johannes vom Kreuz sagte, dass unser Erwachen als ein Erwachen Gottes bezeichnet werden kann. Das Erwachen des Menschen ist ein Erwachen Gottes. Das Erwachen der Gesellschaft ist ein Erwachen Gottes in der Gesellschaft. Das Erwachen des Kosmos ist ein Erwachen Gottes in der Evolution des Kosmos. Der Mensch der Zukunft wird ein Erwachter sein.

Es gibt eine alte Geschichte, die das sehr deutlich ausdrückt. Sie wird im Westen ebenso wie im Osten erzählt. Es ist die Geschichte vom »Verlorenen Sohn« oder vom Sohn des Königs, der verloren ging. In der christlichen Parabel verlangt der junge Mann vom Vater sein Erbe, um in die Welt hinauszuziehen. Dort sucht er das Leben, scheitert aber am Ende und muss sein Überleben als Schweinehirt sichern. Voller Sehnsucht denkt er an sein Vaterhaus und kehrt schließlich zurück. Der Vater umarmt ihn voller Freude und ruft: Gebt ihm Schuhe, einen Ring und ein anständiges Kleid. Wir feiern ein Fest. Er hat den Sinn seines Menschseins gefunden.

So ist der Weg des Menschen ein Heimweg zu Gott. Wir haben vergessen, wer wir wirklich sind. Deshalb machen wir uns auf die Suche, bis wir erfahren: Ich bin schon gefunden. Denn wir sind gar nicht die Suchenden. Wir sind die Gesuchten. Der Sufi-Mystiker Rumi sagte daher: »Bevor es Garten, Weinstock oder Traube gab in dieser Welt, war unsere Seele bereits trunken vom Wein der Unsterblichkeit.« Die Suche des Menschen entspringt der tiefen Gewissheit, dass es in ihm Bewusstseinsräume gibt, die dem Leben mehr Sinn vermitteln können. Unser Suchen ist ein Sterben aller Anhaftungen, um das Eigentliche zu erfahren.

Der göttliche Urgrund ist Ursprung und unablässige Quelle. Aus ihr ergießt sich das »Sakrament« des Augenblicks. Es gibt keine Transzendenz, die abgehoben wäre von dem, was hier und jetzt ist. Jede kleinste Aktion, die wir vollziehen – die Treppe hinaufgehen, die Türe öffnen, die Hände waschen, an der roten Ampel warten – sollte von großer innerer Wachheit begleitet werden. Das nennt die Mystik des Ostens und Westens Achtsamkeit. Angelus Silesius dichtet: »Gott tut im Heil'gen all's, was der Heil'ge tut, Gott geht, steht, liegt, schläft, wacht, isst, trinkt, hat guten Mut.« Letztlich ist das Sakrament des Augenblickes die Fähigkeit, wach in allem zu sein, was man tut. Aufmerksamkeit hilft uns, jede Minute des Lebens voll zu leben und den göttlichen Urquell darin zu erfahren. Aufmerksamkeit ist wohl die schwerste, aber auch wichtigste spirituelle Übung. Der Mensch fließt nicht mehr mit dem Strom der Gewohnheit. Er lässt seinem Ich nicht den willkürlichen Lauf. Wir werden mit der Übung der Aufmerksamkeit in unser wahres Selbst geführt. Das Ziel des mystischen Gebetes ist also nicht ein ekstatischer Zustand, sondern das ganz konkrete Leben. Gott will nicht nur verehrt, er will gelebt werden. Der Pfad dorthin ist der Pfad der Hingabe, ein Zurücknehmen aller Anhaftungen, um das wirkliche Leben zu erfahren. In der Einswerdung mit der Ersten Wirklichkeit erfährt der Mensch, dass es letztlich kein permanentes Ich gibt. Der »Tod des Ich« ist die Voraussetzung für diese Erfahrung. Das Wort »Tod« hat für viele einen negativen Klang, doch dieser Tod zielt nicht auf Vernichtung, sondern auf Befreiung unseres wahren Lebens.

Die Hauptaufgabe, die es auf dem spirituellen Weg zu leisten gibt, ist die Integration in den Alltag. Das Ziel ist, sich und alle Handlungen als Vollzug des göttlichen Urgrundes zu erfahren. Das Göttliche vollzieht sich, offenbart sich, manifestiert sich, gebiert sich selbst in der Evolution des Kosmos. Das ist ein zeitloses Geschehen. Diesen göttlichen Urgrund in seinem Vollzug in uns und in der Schöpfung zu erfahren, ist die größte Nähe, die wir erreichen können. Wie die Welle sich als Ozean erfährt, erfahren wir uns als Ritual, als das sich der göttliche Urquell selber feiert. Teresa von Ávila formulierte es wie folgt: »Es ist, wie wenn Wasser vom Himmel in einen Fluss oder eine Quelle fällt, wo alles nichts als Wasser ist, sodass man weder teilen noch sondern kann, was nun das Wasser des Flusses ist und was das Wasser, das vom Himmel gefallen; oder es ist, wie wenn ein kleines Rinnsal ins Meer fließt, von dem es durch kein Mittel mehr zu scheiden ist; oder aber wie in einem Zimmer mit zwei Fenstern, durch die ein starkes Licht einfällt: dringt es auch getrennt ein, so wird doch alles zu einem Licht.« (Teresa von Ávila: Die Innere Burg, Herausgegeben und übersetzt von Fritz Vogelgsang).

Die Kinder

Linda Jarosch

Linda Jarosch, geb. 1947, arbeitet nach ihrer Schulzeit zehn Jahre lang im kaufmännischen Bereich in der Firma ihres Vaters und prägte in dieser Zeit ihre Menschenkenntnis nachhaltig. Sie ist Familienfrau und hat diese Familienzeit, die sie zu Liebe und Selbsterkenntnis führte, mit ihren drei Kindern intensiv erlebt. Diese Erfahrungen führen sie dazu, andere Frauen in ihrer Lebenssituation durch begleitende Gespräche zu unterstützen. Daraus hat sich immer mehr die Nachfrage nach Supervisionen für Schulen, Kindergärten und andere Organisationen entwickelt. Linda Jarosch ist eine der Schwestern von Anselm Grün und arbeitet seit dem Jahr 2001 als selbstständige Bildungsreferentin und Autorin. Sie hält Seminare und Vorträge mit Themen, die Frauen heute bewegen. Ihr Anliegen ist es, Frauen in ihrer Eigenverantwortlichkeit und ihrem persönlichen Lebenssinn zu stärken.

Inspiration ist mir Vieles: Mal ist es ein Buch, eine besondere Musik, eine Reise oder die Schönheit der Natur. Vor allem aber sind es für mich die Begegnungen mit anderen Menschen. Da sagt jemand ein Wort oder einen Satz, und ich spüre sogleich, wie sich etwas in mir bewegt. Mein Geist ist angeregt und belebt. Ich fühle mich inspiriert, bisherige Gedanken in mir zu vertiefen oder vage Ideen weiterzuentwickeln, auch innere Haltungen in mir zu verstärken.

Inspiration geschieht nicht ohne mein Zutun. Denn um mich inspiriert zu fühlen, brauche ich Offenheit. Nur wenn ich in der Begegnung mit anderen meine Sinne und mein Herz öffne, wenn ich zuhöre und präsent bin, kann mich innerlich auch etwas berühren. Und es berührt mich nur das, wofür ich schon aufnahmebereit bin. Das kann die innere Freiheit sein, die ich im anderen entdecke, die wohltuende Klarheit oder die Herzenswärme, die mich ansprechen.

In der Begegnung mit einer 74-jährigen Freundin ist es die Weisheit dieser älteren Frau, die mich zutiefst berührt. Ich suche diese Weisheit, ich bin ganz offen dafür. Wenn ich dieser Freundin etwas von meinem Alltagsgeschehen mitteile, dann sieht sie dies mit einem viel weiteren Blick als ich selbst. Sie sieht nicht allein das Alltägliche, sie hebt es mit hinein in einen größeren, geistigen Zusammenhang. In ihrem Blick auf die Situation erkennt sie das Wachstum, das von mir gefordert ist, um mich weiter zu entfalten. Ihr tieferer Blick hilft mir, der Situation einen ganz neuen Sinn zu geben. Ich fühle mich inspiriert, mich auf dieses innere Wachsen einzulassen. Dieses Einlassen ist bei mir verbunden mit Neugier, wer ich denn noch alles sein kann. Jedes Gespräch mit dieser älteren Freundin regt mich an, durch ihren weitsichtigen Geist auch selbst weiter zu werden. So kann für mich in dieser Begegnung aus anfänglicher Erdenschwere auf einmal Beflügelung für neues Wachstum werden.

Diese Freundin ist nicht verhaftet in Enge und Angst. Ihre innere Haltung ist ausgerichtet auf Liebe und Versöhnung. Sie sieht in unverständlichen Verhaltensweisen anderer deren Sehnsucht nach Liebe und sie gibt mir Inspiration, diese Sehnsucht zu erfassen und meine Antwort darauf zu finden.

Besonders inspirierend wirken auf mich auch Kinder. Sie haben eine Leidenschaftlichkeit in sich, die mich ansteckt. Beim gemeinsamen Spiel entdecke ich an ihnen immer wieder dieses Unverfälschte und Natürliche, das mir als Erwachsene schon zu oft verlorengegangen ist. Wenn ich mit einer unserer Enkelinnen »Mensch ärgere dich nicht« spiele und ihre Spielfigur ins Haus zurückwerfe, ist sie keineswegs enttäuscht. Im Gegenteil, sie reißt ihre Arme hoch und ruft voll kindlicher Freude »Du hast mich geschmissen!« Sie unterscheidet noch nicht Gewinner und Verlierer, sie sieht allein die Veränderung, die für sie Leben ins Spiel bringt – und darüber freut sie sich. Für meine eigenen Veränderungen im Leben ist mir dieses kindliche Empfinden zur Inspiration geworden. Denn wie oft stehe ich im Widerspruch und Widerstand zu Situationen, die erst einmal nicht in meine Vorstellungen passen? Statt Ärger oder Enttäuschung entdecke ich dann in diesem kindlichen, reinen Geist das Gesunde für mich: Nimm die Veränderung hin. Sie bringt neues Leben ins Spiel.

Inspiration für Menschenfreundlichkeit und Güte sind Gespräche mit meinem Bruder Anselm. Aus seiner Haltung spüre ich, dass er den Menschen gut sein will. Das bleibt eine tägliche Übung gerade dort, wo Menschen einem nicht gut gesinnt sind. Dann braucht es ein weites Herz, um das Verhalten der Menschen nicht zu werten und auch nicht an Moral und Gesetz festzumachen, sondern barmherzig zu werden. Das suche ich gerade dort, wo es mir selbst schwer fällt. Manchmal ist es die eigene Angst oder die Angst anderer, die mich in die Enge treibt und nicht weiterbringt. Dann bin ich offen für eine Weite, die noch nicht aus mir selbst kommt, sondern aus der Inspiration durch andere. Im Gespräch mit Anselm entdecke ich sein Bemühen, für das Verhalten der Menschen ein weites Herz zu haben. Dadurch fühle auch ich mich wieder inspiriert zu Güte und Barmherzigsein.

Eine Quelle vielfältiger Inspiration ist für mich die Seminararbeit mit Frauen. Wenn ich zuhöre, was die unterschiedlichsten Frauen bewegt, dann spüre ich oft deren Leid und Sehnsucht und das inspiriert mich, gerade aus ihren konkreten Situationen heraus ihre Leidenschaftlichkeit für das Leben neu zu wecken. Da hält beispielsweise eine Frau schon lange eine unbefriedigende Situation aus und fühlt sich ohnmächtig, daran etwas zu verändern. Sie meint, keinen Zugang mehr zu ihrer eigenen Kraft zu haben. Gerade dieses Gefühl von Ohnmacht ist mir Inspiration, ihre eigene Macht mit ihr neu zu entdecken und dadurch ihren Drang zur Veränderung zu verstärken. Oder andere Frauen zeigen in ihrem Leid ein Durchhaltevermögen und einen Überlebenswillen, die inspirierend für das eigene Leben sind. Sie halten mitten in ihren dunkelsten Stunden an einem tiefen Glauben und Vertrauen fest, die auf alle Zuhörenden aufrichtend wirken. Sie haben oft alles verloren und gerade dann ihren innersten Schatz gefunden. Ihre Erfahrungen sind mir Inspiration, ihre unerschütterliche Kraft im Glauben kann auch mir Wege weisen.

Frauen, die Veranstaltungen für mich organisieren, sind mir Inspiration für Mut und Tatkraft. Sie setzen sich in einer bewundernswerten Weise für die Belange anderer Frauen ein. Sie wollen sie stärken und fördern und ihnen Chancen zur persönlichen Entwicklung bieten. Dabei scheuen sie keine Mühe, sie sind leidenschaftlich in ihrer Einstellung, Frauen zu unterstützen und beflügelt vom Geist der Gleichwertigkeit, für die sie sich einsetzen.

Die Begegnungen mit anderen Frauen sind mir auch Inspiration für meine Kreativität. Ich bin offen für die Angelegenheiten, die Frauen am meisten berühren – und dann wachsen mir Phantasien und Ideen zu, wie ich diese Themen in einen kreativen Ausdruck bringen kann. Dazu brauche ich die Anregung durch andere und meine Bereitschaft, offene Fragen in lebendige Antworten zu verwandeln.

Kontakte mit Menschen in anderen Ländern sind mir schon immer Inspiration gewesen. Ich interessiere mich für ihre Art zu leben, ich will ihre Werte verstehen und ich möchte von ihnen etwas für mein Leben lernen. Wie oft bin ich festgefahren in meinen alltäglichen Abläufen und Sichtweisen. Wenn ich mich aber für andere Lebensweisen öffne, kann ich meine eigenen Grenzen überschreiten und erkennen, dass Leben auch anders gelebt werden kann. Diese Art von Inspiration macht mein Leben vielfältiger und reicher.

gabriel

Freddy Derwahl

bist ein heimlicher überbringer
ein flüchtiger emissär
vielleicht warst du jakobs bezwinger
und schwebst durch die himmel umher

du veränderst den lauf der geschichte
die heiligen kehren zurück
du posaunst zum jüngsten gerichte
brichst der löwen der drachen genick

das scheue mädchen singt leise
deinen gruß durch alle zeit
an keinem stein stößt die reise
im felsengrab strahlt dein kleid

lass dir den schleier umhängen
nichts mehr ist wie es war
große stille folgt den gesängen
und golden lodert dein haar

Die Bibel

Maria Jepsen

Maria Jepsen, Bischöfin, geb. 1945, Studium der Altphilologie und evangelischen Theologie. 1970 beendet sie ihr Universitätsstudium mit dem Ersten Theologischen Examen in Kiel. Nach Vikariat und Jahren als Gemeindepastorin wird sie 1991 Pröpstin im Kirchenkreis Hamburg-Harburg. 1992 wählt sie die Synode der Nordelbischen Evangelisch-Lutherischen Kirche zur Bischöfin für den Sprengel Hamburg. Sie ist damit die erste lutherische Bischöfin der Welt. 2002 wird sie für weitere zehn Jahre in ihrem Amt bestätigt. Maria Jepsen ist seit 1991 Mitglied der EKD-Synode und des Ausschusses Diakonie, Mission, Ökumene, seit 1992 Vorsitzende des Evangelischen Missionswerkes in Deutschland. Frömmigkeit und Stärkung der Gemeinde sind für sie vorrangige Themen. Besondere inhaltliche Schwerpunkte ihres Amtes sind die Diakonie, die Ökumene und die interreligiösen Begegnungen. Im gesellschaftlich-politischen Leben mahnt sie verstärkt christliche Werte und Orientierung an und bringt diese in die öffentliche Diskussion ein.

Um inspiriert zu werden, muss ich keine lange Weltreise machen. Es bedarf nur einer Armbewegung, dann eines Handgriffs, dann ein wenig Blätterns mit den Fingern und dann ruhiger Augenbewegungen, die Zeile um Zeile Wörter in mein Gehirn transportieren – bis es unhörbar »klick« macht und etwas vom Hirn zum Herzen zischt: hin und her und wieder hin und her, zwischen Herz und Hirn und Augen, bis der Text, der eben noch nur schwarz-weiß vor mir lag, zu glimmen, zu leuchten und manchmal auch in mir zu brennen beginnt. Bis er mich erfasst, sich in mir bewegt und etwas in Gang setzt in mir, was vorher noch nicht da war oder nur schlummerte in mir. So geht es mir mit der Bibel, dem griffbereiten Buch. Sie inspiriert mich.

Wo meine Schlüssel sind, weiß ich manchmal nicht. Mein Kalender oder die Handschuhe? Es kommt vor, dass ich danach suchen muss. Bei solchen Dingen kann ich ziemlich vergesslich sein. Doch wo meine Bibel ist, das weiß ich immer. Meine Seele findet, wie ein Vogel sein Nest wiederfindet, auch nach den größten Ausflügen, immer wieder zu meiner Bibel zurück. Sie ist Ausgangs- und Endpunkt. Die Bibel ist der Ort, der Hauptort meiner Inspiration, beruflich und privat.

Mit ihr geschieht mir, denke ich, Vergleichbares dem, was die Emmausjünger erlebten in der Begegnung mit Jesus: »Brannte nicht unser Herz?« (Lk 24,32); was der Kämmerer erfuhr, als er fröhlich wurde (Apostelgeschichte 8,39); und was in Maria anfing, als die Hirten zu ihr gesprochen hatten: Sie behielt alle Worte »und bewegte sie in ihrem Herzen« (Lk 2,19). So können auch die Geschichten der Bibel innerlich verändern und Neues schaffen.

Natürlich gibt es auch Texte in ihr, die nichts entzünden. Die mich kaltlassen. Die wie totes Holz daliegen. Die Heilige Schrift ist kein Feuerwerk, das an einem Abend abgebrannt wird. In ihr liegen Texte, die vielleicht erst ganz zum Ende meines Lebens zu leuchten beginnen. Oder auch gar nicht; die dies aber im Leben eines anderen, einer anderen längst tun. Die für andere bestimmt sind, die nicht auf mich warten.

Martin Luther hat sehr schön formuliert – und ich liebe diesen Satz von ihm: »Die Schrift ist ein Kräutlein, je mehr du es reibst, desto mehr duftet es.« Vor allem die schwierigen Texte in ihr – man soll sie nicht zu schnell beiseitelegen, sondern sich um sie Mühe machen. Sorgfältige Arbeit meinerseits mit Lexika, Kommentaren, Urtextvergleichen, Konkordanzen, auch das Verfolgen ihrer Tradition und Verwendung in Kunst, Musik und Literatur hilft. Scheinbar Sprödes wird geschmeidig und Stumpfes gewinnt Glanz.

Auch das Hinhören und Nachlesen der Auseinandersetzungen und der Erfahrungen anderer mit solchen Texten lässt neue Erkenntnisse und eine Art Mitgefühl mit dem Geschriebenen aufbrechen. Und schon beginnen sie zu duften, zu leuchten, zu beißen, durchzurütteln auch. Das alles kommt vor, oft sogar.

Aber die Hauptbewegung biblischer Texte ist eine andere: nicht ich muss sie zum Leben erwecken, sondern sie erwecken mich, wie und wann sie wollen. Es beginnt mit einer Armbewegung, dass ich nach der Bibel greife und sie aufschlage. Alles danach habe ich dann nicht mehr in der Hand.

Also: Die Bibel ist mir die Nummer Eins für Inspiration. Jedoch: Gott weiß viel tausend Weisen, mein Leben zu erweitern und zu bereichern. Die Schöpfung, andere Menschen, was sie tun und sagen und sind, Kunst und Literatur, auch sie können es »klicken« lassen in mir.

Nur, seltsamerweise, Musik inspiriert mich so gut wie gar nicht, lässt mich kühl. Mag sein, dass ich da taub bin. Musik – für so viele doch das Erregendste auf der Welt – hat mich noch nie gebissen. Musik ist bei mir wie ein schlafender Hund.

Aber wer weiß – wie ein lange unbeachteter Text, wacht sie plötzlich doch noch auf, stupst mich mit kalter Schnauze an, erregt meine Aufmerksamkeit, bellt und lockt und zieht mich mit – dorthin, wohin ich noch nie war.

Die Erde ist voll der Güte des Herrn. Daran glaube ich. So gibt es keine Ecke, wo sein Geist nicht unvermutet aufbrausen könnte. Aber die Bibel ist die sicherste Stelle dafür.

Das Miteinander der Religionen

Werner Tiki Küstenmacher

Werner Tiki Küstenmacher, geb. 1953, Studium der evangelischen Theologie, journalistische Ausbildung beim Münchner Merkur, Bayerischen Rundfunk und beim Bayerischen Fernsehen, evangelischer Pfarrer (im Ehrenamt), Autor und Karikaturist. Er ist verheiratet, hat drei Kinder und lebt in Gröbenzell bei München. Schon als Schüler entwickelt er eine Leidenschaft für das Zeichnen von Comics und Karikaturen. In den 1980-er Jahren macht er sein Hobby zum Nebenberuf und zeichnet den ersten von sieben Bilderbögen, in denen er sich auf witzige Art und Weise mit der Bibel, der Kirche und den konfessionellen Unterschieden beschäftigt. Er leitet von 1981 bis 1990 im Presseverband der bayerischen Landeskirche die Abteilung Neue Medien. 1991 nimmt er mit seiner Frau einen Rollentausch vor: Sie wird Verlagslektorin, er Hausmann, freiberuflicher Grafik-Designer, Zeichner und Buchautor. Innerhalb von 15 Jahren veröffentlicht er mehr als 70 Bücher, Broschüren und Kalender, die besonders im kirchlichen Bereich Verbreitung finden. Er gilt als »meistbeklauter Karikaturist der christlichen Szene«. Sein bislang größter Bucherfolg ist seit 2002 »Simplify your life«, in dem er Anleitungen bietet, das Leben zu vereinfachen.

Was mich inspiriert, kommt mir oft zugeflogen. Das passt, denn schon Jesus vergleicht den spiritus, den Geist, mit dem Wind. Der weht, wo er will.

Die letzte größere Anwehung, die mich fasziniert und inspiriert hat, kam aus Indien. Nicht von einem Guru oder einem der großen indischen Schriftsteller, sondern viel profaner: im

Kino. Aus »Bollywood«. So nennt man die riesige indische Filmindustrie, deren Name aus dem (alten) Namen der indischen Filmstadt Bombay und dem amerikanischen Kinozentrum Hollywood zusammengesetzt ist. Bollywoodfilme sind kitschige Liebesgeschichten, bunt, lang und durchsetzt mit endlosen Tanz- und Gesangsszenen. So das gängige Vorurteil. Aber dann haben meine Frau und ich einmal einen kompletten Streifen gesehen und waren höchst erstaunt, wie intelligent dort mitten in den farbenprächtigen Beziehungsdramen ernste Themen behandelt werden. Zum Beispiel in dem riesigen Historienspektakel »Joda Akbar«.

Kaum ein anderes Land wird schon so lange von erbittert gegeneinander kämpfenden Religionen bewohnt wie Indien. Vor fast 500 Jahren, etwa zum Zeitpunkt der Reformation in Europa, eroberten moslemische Mongolen, dort Mogule genannt, einen Großteil des Landes. Die Brutalität der hinduistischen Truppen stand der Grausamkeit der islamischen Heere in nichts nach. Das Blutvergießen wäre noch lange weitergegangen, aber dann heiratete der islamische Herrscher Dschellaleddin Akbar eine hinduistische Prinzessin. Er erlaubte ihr, in seinem Palast einen hinduistischen Tempel zu bauen, mitten im vom strengsten Islam beherrschten Hofstaat. Das war ein Skandal, der aber – nachdem die ersten Proteste der Mullahs verstummt waren – dem Land eine grandiose Phase des Friedens verschaffte. Der Film über diesen menschenfreundlichen liberalen Moslem ist einer der ganz großen Erfolge des indischen Kinos.

Das, denke ich, ist doch ein guter Traum aus der Traumfabrik des Kinos: ein friedliches Miteinander der Religionen, der Kulturen und der Völker. Das ist ein schönerer Traum als die unzähligen Kriegsfilme aus Hollywood, in denen die Amerikaner dank martialischer Helden doch noch rückwirkend den Vietnamkrieg gewinnen oder in denen die Spirale der Gewalt als die auf Dauer siegreiche Kraft dargestellt wird. Eine Gewalt, gegen die angeblich nur die Bewaffnung jedes Bürgers hilft.

In dem Bollywoodfilm »Ein göttliches Paar« wird hintereinander in einem hinduistischen Tempel, einer christlichen Kirche und einer Moschee getanzt. Der Bräutigam singt dabei seiner Braut ins Ohr: »Tujh Mein Rab Dikhta Hai ...« – »Du hast an der Tür meines Herzens geklopft. Ich verneige mich vor dir. Denn ich sehe Gott in dir.«

Das ist für mich eins der schönsten und hoffnungsvollsten Bilder für die Weltgesellschaft der Zukunft: Singend und tanzend ziehen wir durch Tempel, Kirchen und Moscheen. Wir freuen uns, dass Gott gegenwärtig ist in jeder Art von Liebe: in der Liebe zwischen Mann und Frau, zwischen Eltern und Kindern und zwischen verfeindeten Nachbarn, die sich langsam, mühsam, aber schließlich dankbar miteinander versöhnen.

Ich kann es verstehen, wenn sich bei manchen Christen angesichts eines solchen Religions-Mixes der Unmut meldet. Wir haben gelernt, dass wir missionieren und für unseren Glauben werben sollen. Schließlich steht ja im 28. Kapitel des Matthäusevangeliums der »Missionsbefehl«.

Ich meine, es ist aber auch an der Zeit, die andere Seite Jesu zu entdecken. Jahrhundertelang haben die Menschen selbstverständliche Belege für die Vorherrschaft der Männer in der Bibel gefunden. Aber dann wurde klar, dass das von Jesus nicht so gemeint sein kann. Dass er Jünger und Jüngerinnen hatte, dass Sätze von Paulus wie »Das Weib schweige in der Gemeinde« Aussagen der damaligen Kultur waren und nicht aus dem Herzen Jesu kamen.

Jesus hat etwas gegen Gegensätze. Es gibt in seiner Botschaft, in seinem Leben, im gesamten Neuen Testament eine Grundtendenz zur Einheit. Was verloren war, soll wiedergefunden werden. Was getrennt ist, soll vereint, was krank ist, soll geheilt werden. Das ist sein Herzensauftrag, das ist seine Mission.

Immer wieder geht mir ein Bild durch den Kopf, das das Miteinander der Religionen veranschaulicht. Die Weltreligionen leben dabei in verschiedenen großen Städten, die alle, weit voneinander entfernt, rund um den Fuß eines riesigen Berges gebaut sind. Dieser Berg ist Gott. Von allen Städten, Tempeln, Kirchen und Moscheen aus wird dieser Gott bewundert und angebetet. Die Bewohner der einzelnen Städte haben nicht viel miteinander zu tun. Sie sprechen verschiedene Sprachen, haben verschiedene Kulturen. Wenn sie sich gegenseitig besuchen, wundern sie sich über die Andersartigkeit der anderen. Mal sind sie fasziniert, mal beginnen sie, sich zu bekriegen. Alle sind vereint in der Überzeugung, dass der Berg, an dem sie wohnen, wunderbar und gefährlich ist, heilig und anbetungswürdig.

Daneben aber gibt es immer wieder Menschen, die den Berg besteigen. Sie wagen es, den mühsamen und gefährlichen Weg zum Gipfel anzutreten. Auf den letzten Metern vor dem Ziel machen sie eine wunderbare Erfahrung: Sie kommen den Bergsteigern aus den anderen Städten ganz nah. Sie sehen keine Unterschiede mehr zwischen sich, sondern sind vereinigt in dem übergroßen Glück, den Gipfel erreicht zu haben. Diese Menschen sind die Mystiker, die es in allen Religionen gibt. Wenn sie zurückkehren in ihre Städte, berichten sie von ihren faszinierenden Erlebnissen der Einheit. Einige werden dafür ausgelacht oder bestraft. Andere werden aufmerksam angehört, und sie schaffen es, die feindliche Haltung ihrer Mitbürger gegenüber den anderen Städten aufzubrechen.

Gegensätze zwischen Menschen, Religionen oder Konfessionen zu sehen, ist einfach. Dies ist ein Muster, das unmittelbar einleuchtet. Wir hören viel über den anderen und seine schlechtesten Eigenschaften können wir uns am besten merken. Demagogen haben leichtes Spiel. Sie sagen über die andere Seite: »Sie sind böse! Sie haben es nur auf uns abgesehen!« Das hat einen bewährten Vorteil: So schweißt man die eigenen Reihen zusammen, interne Streitigkeiten hören auf. Aber während der Gegner dämonisiert wird, wird man selbst von der Bosheit der anderen Seite abhängig. Man wird, ohne es zu wollen, wie der Gegner. Man stärkt, ohne es zu wollen, die Extremisten und Scharfmacher der anderen Seite. Dadurch werden die Gegner zu Verbündeten in einem schrecklichen, endlosen Krieg.

Es gibt ein einfaches Heilmittel gegen den fürchterlichen Kreislauf des Denkens in Gegensätzen: Weigern Sie sich, mitzuspielen – damit Frieden nicht nur ein Wort ist, sondern Wirklichkeit, ein Lebensstil.

Das Sich-Öffnen

Hanna-Renate Laurien

Hanna-Renate Laurien, Dr. phil., geb. 1928, Studium der Germanistik, Anglistik und Philosophie, Mitbegründerin der Freien Universität Berlin, nach dem Staatsexamen wechselt sie in den höheren Schuldienst. Hanna-Renate Laurien wird protestantisch erzogen, 1952 konvertiert sie zum Katholizismus. Als Oberstudiendirektorin (1965–1970) sorgt sie 1967 dafür, dass eine schwangere Schülerin entgegen damals geltenden Gesetzen zum Abitur zugelassen wird. Ebenso setzt sie sich ein Jahr später dafür ein, dass eine unehelich schwangere Lehrerin nicht disziplinarisch abgestraft und versetzt wird. Sie ist rund 20 Jahre lang im Schuldienst, viele Jahre Kultusministerin von Rheinland-Pfalz, Senatorin für Schule, Jugend und Sport in Berlin, Bürgermeisterin von Berlin und als erste und bis 2006 bisher einzige Frau Präsidentin des Berliner Abgeordnetenhauses. Hanna-Renate Laurien war Mitglied im Zentralkomitee der deutschen Katholiken und betätigte sich als Predigerin und Vortragsrednerin. Sie ist Mitglied der dominikanischen Laiengemeinschaft.

Liebe Leserinnen und Leser, erwarten Sie bitte kein »Rezeptbuch«, ich berichte Erfahrenes. Was ist Inspiration? Also mehr als eine Art »Anregung«! Eine blitzartige Erkenntnis. Jesus sagt zu dem Taubstummen »Effata!« – Öffne Dich! Und dieser sieht und hört. Solch ein »Effata« steckt für mich in jeder Inspiration.

Ich hatte zugesagt, den Antrag einer jüngeren Studentin, ins »Begabten-Förderprogramm« einer Institution aufgenommen zu werden, zu unterstützen. Ich sitze auf meinem Balkon, eine Welle von Grün vor mir, die mich von der nächsten Häuserzeile trennt. Da fällt mein Blick auf eine Blüte in den Bäumen, und es durchzuckt mich. Ich schreibe von den vielen verheißungsvollen Ansätzen, die die junge Frau zeigt, und ich bemerke sechs Ansätze. Sechs habe ich benannt und drei davon in ihrer Zukunftsgröße beschrieben. An die Prüfer schreibe ich dazu: »Die weiteren Ansätze werden sie entdecken.« Nach circa vier Wochen erhalte ich ein Schreiben: »Wir haben die Ansätze Nr. 7, 8 und 9 entdeckt!« Die Prüfer haben sich selbst zu Prüflingen gemacht.

Ein anderes Beispiel: Ein mit mir »locker« befreundetes junges Paar hat ein Kind bekommen. Von Taufe kein Wort. Wenn ich die beiden bekehren würde, würde die Freundschaft wackeln. Ja, durchzuckt es mich und ich gehe ans Regal. Dort sehe ich das Buch »Taufe« von Anselm Grün. Ich drücke es ihnen in die Hand und sage: »Lest und entscheidet selbst, ich werde jede Entscheidung von euch respektieren.« Im Herzen baute ich auf die Faszination durch Anselm Grün. Er überzeugte! Das Kind ist inzwischen festlich getauft.

Nun aber »kleinere« Alltagsbeispiele: Da setze ich mich in eine gemütliche Ecke, stelle ein Glas Wein – Riesling trocken Kabinett, Rheinland-Pfalz – vor mich hin und nehme genießerisch einen guten Schluck zu mir. Nahezu automatisch kommt die Inspiration, sie ist immer ein Stückchen »Zu-fall«, ein Geschenk. Aber wenn ich mich – mit oder ohne Wein – in die Meditation eines Satzes oder eines Wortes vertiefe, dann kann plötzlich eine Idee zu etwas ganz anderem kommen. Man muss fähig werden, sich diesen inspirierenden Kräften zu öffnen.

In meiner Studentenzeit in den Jahren 1947 bis 1963 habe ich überzeugende, persönlich inspirierende Menschen erlebt. In der Philosophie so verschiedene wie Josef Pieper (und seine Seminare über Thomas von Aquin) und Friedrich Meinecke (über die Darstellung der Moderne usw.) oder in der Germanistik den »Altgermanisten«, meinen Doktorvater Helmut de Boor und den »modernen« Kunisch (»der süße Meister«). Ließ ich mich ab und an auf Sätze von ihnen ein, so »zündete« es des Öfteren.

Inspiration verlangt einen Sender und einen Empfänger. Da muss die »Wellenlänge« stimmen. Wenn mich die Verse eines anderen Menschen oder eine Musik überwältigten und sprachlos machten, dann ließ ich alles über mich ergehen, zog mich in die Stille zurück und »sortierte«. Da blieb manchmal (nicht immer!) Kostbares bestehen. Es bleibt bei dem Jesuswort »Effata« – Öffne dich.

Der heilige Benedikt

Manfred Lütz

Manfred Lütz, Dr. med., geb. 1954, Studium der Philosophie, Medizin und Katholischen Theologie, erlangt 1979 seine Approbation als Arzt und 1982 sein Diplom in Katholischer Theologie. Manfred Lütz wird zunächst Facharzt für Nervenheilkunde, später auch für Psychiatrie und Psychotherapie. Seit 1997 ist er Chefarzt des Alexianer-Krankenhauses in Köln. Er ist Mitglied im Direktorium der Päpstlichen Akademie für das Leben, Berater der Vatikanischen Kleruskongregation und Mitglied des Päpstlichen Rates für Laien. In seinen Büchern befasst sich Manfred Lütz, mitunter satirisch und humorvoll, unter anderem mit dem Gesundheitswahn, aber auch mit der katholischen Kirche. Sein Buch »Gott« wird 2007 zum Bestseller. Auch als Dozent, Vortragsredner und Interviewpartner ist Manfred Lütz gefragt. Er ist mit Isabella Prinzessin zu Löwenstein-Wertheim-Rosenberg verheiratet. Das Paar hat zwei Töchter.

Es ist im Grunde etwas merkwürdig, wenn ich als Laie und Therapeut einem Benediktiner zum 65. Geburtstag erzähle, dass mich tatsächlich der heilige Benedikt und seine Regel immer inspiriert und an entscheidenden Wegmarken meines Lebens getragen haben. Auch Pater Anselm Grün schöpft ja seine mich am meisten berührenden Texte aus dieser reichen Quelle.

Als ich mir neun Wochen vor meinem medizinischen Staatsexamen klarmachte, dass ich durch mein Parallelstudium im ganzen vergangen Jahr keine einzige Seite Medizin gelesen hatte, da Philosophie und Theologie viel spannender waren, da blieb nur noch die Resignation oder ein drastischer Unterschied, der einen Unterschied machte. Und da besann ich mich der Regel des heiligen Benedikt. Ich ging für die neun Wochen nach Maria Laach, nahm dort an den Gebetszeiten teil – außer der ersten am frühen Morgen, für die mir die persönliche Berufung fehlte – und konnte tatsächlich 13 ½ Stunden netto pro Tag lernen. Ohne Telefon, Fernsehen, Ablenkung durch Freunde und Bekannte, und mit einem guten geistlichen Fundament hatte dieses Lernen eine konzentrative Kraft, die ich zu Hause nicht annähernd erreichen konnte. Ohne den heiligen Benedikt und seine Regel und ohne seine freundlichen Söhne in Maria Laach hätte ich mein Examen nie und nimmer bestanden.

Als ich dann Oberarzt wurde – ohne schon Facharzt zu sein – stand meine Facharztprüfung an. Sicher hätte es manch einen insgeheim amüsiert, wenn der Herr Oberarzt erstmal durchgefallen wäre. Nun soll man dem Nächsten aber nicht zu viel Freude machen, vor allem nicht lästerliche. Was also war zu tun? Sie ahnen es schon. Ich packte meine Sachen und zog wieder für drei Wochen nach Maria Laach. Wenn um den heiligen Benedikt in seiner Geburtsstadt Nursia nur annähernd so viel Aufhebens gemacht würde, wie um andere Heilige, müsste ich eigentlich eine Kopie meiner Approbation und meiner Facharzturkunde irgendwo in Nursia annageln. So statte ich also meinen Dank anders ab, indem der heilige Benedikt in meinen Büchern immer an herausragender Stelle vorkommt. Und daher schließe ich einen Text aus meinem Buch »Lebenslust« an:

»Der Gang ins Kloster als Ausdruck der Lebenslust? Der Erfinder des abendländischen Klosters, der heilige Benedikt von Nursia, würde dem jedenfalls lebhaft zustimmen. »Wer hat Lust zu leben?«, ruft er am Beginn seiner Klosterregel den jungen Menschen seiner Zeit zu, um sie zu motivieren, ins Kloster zu gehen. Etikettenschwindel? Wenn man Klöster für Orte hält, wo man unter Zuhilfenahme gregorianischer Choräle gemeinsam Trübsal bläst, kann man da nur übelste Rekrutierungsmethoden vermuten. Klöster sind aber keine Orte der Weltflucht, wie es sich manche vorstellen. Wer vor der Welt oder auch nur vor einer abschreckenden Verlobten ins Kloster weglaufen will, wird dort keine Aufnahme finden. Die Fähigkeit zur Lebenslust ist Voraussetzung für ein Klosterleben. Nicht dass Klöster für Christen die einzigen Orte der Lebenslust wären, immerhin hat die Ehe den hohen Rang eines Sakraments, den das Ordensgelübde nicht hat. Ein Kloster voller weltverachtender Jammerlappen hat jedenfalls mit den Absichten des heiligen Benedikt nichts zu tun. Nur sehr vitale Menschen sind fürs Klosterleben wirklich geeignet, Menschen also, die ihre souveräne Freiheit besitzen, freiwillig aus all dem Getriebe und den Zwängen eines profanen Lebens auszusteigen, um einzusteigen in ein Leben der intensiven Besinnung auf das Wesentliche. Benedikt von Nursia, der noch in der Antike geboren war, gelang es, die besten Früchte der Antike für das Christentum zu ernten und so lebendig an die Zukunft weiterzugeben. Muße und Kult vereinigte er wieder. Zwecklos sind die Gesänge der Mönche, aber höchst sinnvoll. Feierlich und festlich ist der Gottesdienst. Keine Geschäftigkeit sollte den Mönch ablenken. Benedikt verordnete stabilitas loci: Schon bei seinem Eintritt wusste der Mönch, dass er auch in diesem Kloster sterben wird, und täglich konnte er seine künftige Grabstätte sehen. Wen so etwas betrübte, der hielt das ohnehin nicht lange aus. Vielmehr sammelten die Mönche aus alldem Kraft für die großartigen Schöpfungen, die Klöster über das Mittelalter bis heute vollbracht haben. Ohne die benediktinischen Klöster und ihre Leistungen gäbe es das Abendland nicht und auch nicht unsere Kultur. Damit wird deutlich, worin sich christliche Kontemplation von der Weltflucht des Diogenes in seiner Tonne unterscheidet. Mönche betreiben nicht kultivierten Egoismus. Sie leben nicht für sich im Kloster, sondern für Gott und die Welt. Sie legen durch ihr Leben der schweigenden Besinnung und des Gebets ein lautes Bekenntnis dafür ab, dass es noch etwas über dieses Leben hinaus gibt – Ewigkeit. Im Lob Gottes liegt der Sinn ihres Lebens und im Gebet für die kirchliche Gemeinschaft und für die Welt. Doch nicht nur im Gebet. »Ora et labora«, lautet die Aufforderung des heiligen Benedikt, bete und arbeite. Bei aller Hochschätzung der Kontemplation: Auch in der leibhaftigen Tätigkeit soll der Mönch seine Existenz für Gott und die Welt leben – nicht zuletzt, um mit seiner Lebensform niemandem auf der Tasche zu liegen.

Das benediktinische Lebenslustkonzept, das sich im Gegensatz zu den leicht verderblichen Kunstprodukten, die derzeit im Umlauf sind, seit 1500 Jahren bestens bewährt hat, ist ein Geheimtipp für Kenner. Wie in früheren Jahrhunderten gibt es heute viele Menschen, die sich für einige Zeit in ein Benediktinerkloster zurückziehen, um dort zur Besinnung zu kommen und ihr Leben neu auszurichten oder auch nur einfach, um »aufzutanken«. Der heilige Benedikt hat das vorgesehen. Die Regel 53 beinhaltet eine geradezu überschwängliche Gastfreundschaft. Es gibt daher keine Benediktinerklöster ohne Gästezimmer. Als Gäste treffen sich dort abgehetzte Manager, die sich mutig dazu entschließen, eine Zeit lang nichts zu sagen zu haben, rastlose Politiker, die sich überlegen wollen, was sie eigentlich meinen, oder auch Menschen, die in einer tiefen Lebenskrise stecken und das Wesentliche in ihrem Leben vom Unwesentlichen unterscheiden wollen. Für jemanden, der eine große Enttäuschung erfahren hat, kann es allein schon nützlich scin, Leute zu erleben, die selbst ganz freiwillig ein Leben gewählt haben, das sich nicht nur auf Menschen verlässt, sondern letztlich auf Gott. Auf diese Weise hat manch einer wieder Boden unter die Füße bekommen, ohne in Zynismus zu verfallen. Man kann im Benediktinerkloster lernen, Schweigen, das länger dauert als eine Minute, auszuhalten und überhaupt wieder Zeit zu erleben. Und das ist eine ganz entscheidende Voraussetzung für Lebenslust.

Ist für Christen also das Kloster der Königsweg zur Lebenslust? Keineswegs! Der heilige Benedikt hat selbst mit flächendeckenden Mönchskolonien miserable Erfahrungen gemacht. Das Klosterleben ist ein Unterschied, der einen wirklichen Unterschied macht: Ein wenig Salz in der Suppe und vielleicht sogar nützlicher Sand im Getriebe. Nicht mehr und nicht weniger. Selbst manche kirchlichen Würdenträger hatten es überhaupt nicht mit den Klöstern und waren der Lebenslust dennoch zugetan. Auf dem herrlichen Bild von Jan van Eyck in Brügge, der Madonna des Kanonikus van der Paele, das mit aller Lust an der Wirklichkeit gemalt ist, die die hier beginnende neuzeitliche Malerei kennzeichnen sollte, sieht man im Vordergrund den Kanonikus: Ein offensichtlich durch und durch weltlicher Mann, Typ Bankdirektor, nicht sehr sympathisch und in seiner prallen Diesseitigkeit ganz gewiss ohne jeden Sinn für Mystik. Er faltet die Hände, man hat den Eindruck, weil es so üblich ist, und schaut etwas unsicher, fast skeptisch ins Leere. Fromm wirkt das nicht. Aber als Vision erscheint vor ihm die Madonna in einem prachtvollen Gewand, die ihm mit milder Geste Erlösung verheißt. Das Interessante an diesem Bild ist, dass der Kanonikus sie gar nicht sieht, die Vision. Nur wir, die Betrachter, werden ihrer ansichtig. Ein schönes und ermutigendes Bild, zeigt es doch, dass der Segen Gottes und der Gottesmutter Maria sogar auf so einem ganz diesseitigen Menschen liegt – sogar wenn der in seiner ganzen Weltlichkeit die Madonna gar nicht wahrnimmt, die aus dem Jenseits ins Diesseits hineinsegnet.«

(Aus: Manfred Lütz, »Lebenslust – Wider die Diätsadisten, den Gesundheitswahn und den Fitness-Kult«, München 2007, S. 271–274.)

godot

Freddy Derwahl

godot lässt warten das ist sein job
es wachen in seinem gartenhaus
abraham isaak und jakob
sie beten und schweigen sich aus

es sind stets drei die zu besuch
erstrahlen und wieder verschwinden
es gebiert eine jungfrau in grobem tuch
der vater ist nicht mehr zu finden

vierzig tage wenn wir nur wüssten
ringt er mit dem weltungeheuer
dann wandelt er vor den felsenküsten
und wirft in der frühe fisch aufs feuer

alle greifen nach seinem gewand
wer ist denn der sagt kommt er schon
doch hat ihn keiner richtig erkannt
er glich nur godot es war sein sohn

Das Kloster Münsterschwarzach

Wunibald Müller

Wunibald Müller, Dr. theol., geb. 1950, Studium der Theologie und Psychologie, Promotion 1984 in Würzburg mit dem Thema »Homosexualität – Eine Herausforderung für Theologie und Seelsorge«. Von 1983 bis 1990 ist Wunibald Müller Leiter des Referats für Pastoralpsychologie und Praxisbewertung und Referent für Priesterfortbildung am Institut für Pastorale Bildung in Freiburg. Seit 1991 leitet er das Recollectio-Haus in Münsterschwarzach. Seit 1986 hat er circa 60 Bücher im Bereich der Spiritualität, Psychotherapie und Lebenshilfe veröffentlicht. Sein erstes Werk ist »Menschliche Nähe in der Seelsorge«. Seine Bücher werden in mehrere Sprachen übersetzt und sind in zahlreichen Ländern auch außerhalb Europas erfolgreich. Wunibald Müller ist seit 1986 mit Ilse Müller verheiratet und hat zwei Kinder.

Ich kann nicht ausschließen, dass die folgenden Zeilen eine kleine Liebeserklärung an die Abtei Münsterschwarzach und ihre Mönche werden. Doch schauen wir, was daraus wird, wohin mich meine Gedanken führen, wenn ich dem nachspüre, was mich inspiriert.

Vor über 50 Jahren, als Achtjähriger, war ich zusammen mit meinen Eltern das erste Mal in Münsterschwarzach. Dabei traf ich auch den damaligen Abt Burkard. Pater Wunibald Kellner, nach dem ich meinen Namen erhalten habe, begleitete uns bei diesem Treffen in einem der Gästezimmer der Abtei. Danach besuchten wir das Missionsmuseum, und ich weiß nicht welcher Teufel mich geritten hatte, aber ich versetzte dem dort ausgestellten Löwen einen Fußtritt, was den sonst nicht aus der Ruhe zu bringenden Pater Wunibald zu einer ernsthaften Ermahnung veranlasste.

Das waren äußere Ereignisse. Doch was, ja was hatte meine Seele damals wahrgenommen? Von 1963 bis 1972 besuchte ich die Internate St. Ludwig, St. Maurus, St. Benedikt und St. Egbert. Das Benediktinische ließ mich nicht los.

Danach war ich über viele Jahre an anderen Orten, besuchte zwischendurch immer wieder Münsterschwarzach, bis ich schließlich 1991 zurückkam, jetzt als Leiter des Recollectio-Hauses. Damals musste ich vor der versammelten Gemeinschaft im Kapitelsaal das Konzept des Recollectio-Hauses vorstellen. Unter den Mönchen saß auch Pater Ludger, der in St. Ludwig mein Präfekt gewesen war und zu dem ich ein besonderes inneres Verhältnis hatte. Er war wohl für mich, als ich als Zwölfjähriger nach St. Ludwig kam, zu einer Art Ersatzvater geworden. Als ich ihn vor mir sitzen sah, erinnerte ich ihn an die Novenen, die er damals gebetet hatte, um etwas nachzuhelfen, dass ich eines Tages in Münsterschwarzach eintrete. Heute hätten sich diese Novenen in einer gewissen Weise erfüllt, sagte ich vor der versammelten Gemeinschaft. Ich sei zwar nicht in die Gemeinschaft eingetreten, aber zurückgekommen. Coming home – die Abtei Münsterschwarzach so etwas wie eine Heimat? Eine spirituelle Heimat? Ein Ort der Sehnsucht?

Manchmal, wenn ich heute gegen 8.00 Uhr am Morgen aus meinem Auto steige und auf das Recollectio-Haus zugehe, singe ich in meinem Herzen die Melodie eines Liedes, in dem die Worte vorkommen: »Ich danke dir von Herzen ...« Es ist Ausdruck meiner Dankbarkeit für die Tätigkeit, der ich hier in der Abtei Münsterschwarzach seit fast 20 Jahren nachgehen kann. Aber es ist nicht nur die Tätigkeit, für die ich eine große Dankbarkeit empfinde. Es ist das Ambiente der Abtei, es sind die Mönche, die Menschen die hier leben.

So erachte ich es als ein Privileg, wenn ich in der Regel jeden Tag um 12.00 Uhr an der Mittagshore teilnehmen und dort singen kann: »Nur zu Gott hin wird stille mein Verlangen« oder »In deiner Nähe, starker Gott, ist Kühlung, Frieden und Geduld. Lass mich ein wenig bei dir ruhn ...«. Das ist Labsal für meine Seele. Das inspiriert mich. Wenn ich Zeit habe, gönne ich mir anschließend einen halbstündigen Spaziergang entweder um die Abtei herum, vorbei an der Gärtnerei oder entlang der Allee, die an einem Bächlein entlangführt. Ich tauche dann ein in die Natur und lausche dem Zwitschern der Buchfinken und Meisen und dem Plätschern des Wassers. Manchmal vernehme ich auch die Laute eines Kuckucks oder ich beobachte, wie ein Fischreiher sich gravitätisch aus dem Bach erhebt. Für mich ist diese Allee, früher hieß sie Wunibalds-Allee, genannt nach meinem Namensvetter Pater Wunibald, in einer gewissen Weise auch meine Allee. Auch wenn sie eigentlich nur den Mönchen vorbehalten ist.

Manchmal wenn ich über das Abteigelände gehe, begegne ich Mönchen und meist bleibt es nicht bei einem Grüßen, sondern es kommt zu einem kleinen Austausch. Da ist Br. Rudolf, der nicht mehr bei den Lebenden ist, der besonders sensibel war für übersinnliche Erfahrungen. Er sagte mir, dass er beim Ein- und Ausatmen immer wieder daran denkt, dass er den Heiligen Geist einatme. Oder da ist Br. Gereon, der Krankenbruder, dessen volle Präsenz, Aufmerksamkeit und innere Wachheit mir bei unserer kurzen Begegnung guttun. Das aufmunternde Lächeln von Br. Chrysostomus, die tröstenden Worte von Br. Bruno tun meiner Seele ebenfalls gut. Ein andermal ist es Br. Silvanus, der mir durch seine Treue, Geradlinigkeit und Schlichtheit imponiert und mich durch sein Vorbild beseelt. Eine andere Art Beseelung erfahre ich bei meinem Besuch in der Bibliothek bei P. Pirmin, dem Bibliothekar, bei dem man viel Zeit mitbringen muss, der mich aber durch sein Wissen und seinen besonderen Humor bereichert. Und dann ist da der Pater, der eines Tages in meinem Zimmer auftaucht und fragt: »Wunibald, wie geht es dir?« Er hatte gemerkt, dass mich etwas beschäftigt. Er wird in diesem Moment für mich zum Seelenfreund, er spürt, dass meine Seele etwas bewegt.

So bin ich immer wieder überrascht, wie viele heilige Menschen mir im Klosteralltag begegnen. Allein schon ihre volle Präsenz, ihre Aufmerksamkeit und innere Wachheit imponieren mir. Ich erlebe sie als Menschen, die in der Nähe Gottes leben. Man spürt das regelrecht. Ich gehe bereichert und beschenkt aus unseren Begegnungen. Diese Menschen haben keine Bücher über spirituelles Leben geschrieben. Sie nehmen kein besonderes geistiges Amt wahr. Sie verkörpern durch ihre Person gelebte Spiritualität. Sie inspirieren andere. Sie inspirieren mich.

Zu ihnen gehört auch P. Clemens, der schon viele Jahre auf dem Friedhof in Münsterschwarzach liegt. Ich bin ihm zu Lebzeiten nicht sehr häufig begegnet. Doch wenn ich ihm begegnet bin, beschenkte er mich mit seiner Güte, seiner einladenden Offenheit und der Reinheit seines Herzens. Ich erinnere mich noch sehr lebhaft an den Augenblick, als das Totengeläute der Abteikirche sein Dahingehen verkündete. Ich hielt inne, dachte ganz intensiv an ihn und verspürte in diesen Minuten eine tiefe Verbundenheit mit ihm. Manchmal gehe ich an sein Grab, bete dort und trage ihm meine Anliegen vor. Ich gehe immer erleichtert, getröstet, beseelt von seinem Grab weg.

Ich schreibe diesen Text anlässlich des 65. Geburtstages von P. Anselm, den ich sehr schätze und mit dem ich seit fast 20

Jahren gerne zusammenarbeite. Er zählt zu den großen Stars, den großen Sternen der Abtei Münsterschwarzach. Manchmal wird er auch hochstilisiert zu dem Stern, der über der Abtei steht und ihr Glanz verleiht. Aber er weiß, dass es zusammen mit ihm die vielen kleinen Sterne der Abtei sind, zu denen die Mönche gehören, aber auch die Mitarbeiter und Mitarbeiterinnen der Abtei und die vielen Menschen, die hier tagein, tagaus verweilen, die den Glanz der Abtei Münsterschwarzach ausmachen.

Ach, was sage ich. Es ist natürlich Gott, es ist sein Glanz, der an diesem Ort durch die Menschen, denen ich hier begegne, aufscheint. Vermutlich oder ganz sicher, weil Gott sich hier besonders wohlfühlt.

christusgebet

Freddy Derwahl

dein name ist licht
in der nacht der zeiten
du bist der nahe in den weiten
der kommende im entgleiten
der gütige im weltgericht

du stiegst immer schicht um schicht
im eise waren erste spuren
in höhlen magische konturen
dein schatten streifte sonnenuhren
in dornen glüht dein angesicht

du kamst so leise menschensohn
zu dem in wüsten die propheten
in ihren kühnen nachtgebeten
tastend unter tränen flehten
im säuseln ahnten sie dich schon

es ging nicht gut musste so sein
es trafen dich stich und schmerz
doch wolltest du unser ganzes herz
und hobst im wind dich himmelwärts
vom tisch mit brot und wein

Das Kreuz

Johannes Pausch

P. Johannes Pausch, Dr. theol., geb. 1949, Studium der Theologie, Philosophie, Pädagogik und Psychagogik. Johannes Pausch ist Mitbegründer des Europaklosters Gut Aich, St. Gilgen und dort Prior, Kellermeister und psychotherapeutischer Leiter des Hildegard-Zentrums im Kloster Gut Aich. Er ist Autor zahlreicher Bücher und Publikationen, u.a. hat er gemeinsam mit Gerd Böhm das Werk »Himmlisch leben« geschrieben, in dem er Klosterweisheiten für den Alltag heute aktualisiert.

Manchmal, nicht oft – es sind Sternstunden –, bewegen mich Symbole, Zeichen, Zahlen, wenn es mir gelingt, mich, mein Leben, meine Erfahrungen, diese Welt und meine Gottsuche in Beziehung zueinander zu setzen. Zahlen, Zeichen, auch mathematische Formeln, drücken dann eine Wirklichkeit aus, die mir hilft, mein Leben besser zu begreifen.

Es mag vermessen klingen, aber es ist so, dass alle Zeichen dieses Lebens und dieser Erde – mögen sie auch noch so abstrakt sein – eine spirituelle Wirklichkeit ausdrücken, wenn ich sie verstehen kann und ich zu ihnen und sie zu mir eine Beziehung haben.

So ging es mir, als ich an meinem Kreuz (+) zu scheitern drohte. Ich konnte es nicht begreifen und weder mit dem Verstand noch mit dem Herzen verstehen. Deshalb zerlegte ich das Kreuz in seine Einzelteile. Eine kritische Analyse einer Situation ist manchmal gar nicht schlecht, auch wenn sie zuerst einmal wenig hilft. Es waren zwei Linien: eine von oben nach unten und/oder von unten nach oben, die andere von rechts nach links und/oder von links nach rechts. Ich brach einen Stecken, einen Stock, einen Stab, auf den ich mich stützte. Mit einem Bruch beginnt meist das Leben, mit einem Bruch meines Stockes auf dem ich mich stützte. Es könnte auch sein, dass es der Stock eines Treibers oder eines Hirten war. Jedenfalls begann mit dem Bruch etwas Neues.

Wie aber konnte ich den Bruch heilen? Das war mein erster fragender Gedanke. Einen gebrochenen Stock, eine gebrochene Linie im Leben zu kleben, zu heilen ist oft schwer. Es gibt dabei oft keine Perspektive, denn der starke Stock und die Stütze werden durch den Bruch schwächer und sind oft unbrauchbar.

Ich legte also meine gebrochene Stütze auf die Erde und versuchte sie zu sehen, zu hören, zu riechen und zu schmecken. Die Bruchstücke lagen nebeneinander wie zwei Parallelen, wie zwei Wege. Die ganze Gespaltenheit der Situation konnte ich mir mit den Bruchstücken bewusst machen. Sie führten auseinander, zumindest lagen sie nebeneinander, aber nicht miteinander. Doch es wird auch klarer. Es waren zwei große Minuszeichen, wie oft im Leben. Das Minus ist oft mehr als doppelt vorhanden. Brüche bringen oft die Verdoppelung des Negativen, aber sie bringen mich auch auf den Boden der Tatsachen und des Lebens zurück. Schlechte Erfahrungen summieren sich, verdoppeln und addieren sich, wenn ich nicht kreativ mit ihnen umgehe. Ich spürte die Dynamik des Negativen in mir und um mich herum, immer mehr.

Und dann erinnerte ich mich an die mathematische Formel »Minus mal Minus gibt Plus«. Wenn ich zwei negative Erfahrungen miteinander in Beziehung setze, entsteht etwas grundlegend Neues, ein Plus, »+«, ein Kreuz.

Es ist ja wirklich so: Das Kreuz, jedes Kreuz ist die Quadratur des Negativen und doch zeigt es einen neuen Weg. Vor allem am Schnittpunkt des Kreuzes sammelt sich alles, was an Kraft und Kraftlosigkeit, an Zweifel und Hoffnung zu spüren ist. Oft erlebe ich es, dass dort, wo das Negative nicht nur zusammengezählt, sondern kreativ multipliziert wird und so in Beziehung zueinander kommt, überraschende, ungeahnte Möglichkeiten entstehen.

Und dann sah ich das Kreuz des Erlösers. Ich sehe in ihm einen solchen Weg, eine Brücke, eine Leiter und einen Schlüssel. Vielleicht ist der Schlüssel zur Erlösung, die wir sicher nicht selbst machen können, dieses Kreuz, wenn ich mich nur darauf einlasse, es verehre und achte. Das Lied vom Heiligen Kreuz fiel mir ein. Der Weg der Wandlung und der Verwandlung ist immer so ein Kreuzweg. Er führt über die kreativen Schnittpunkte des Negativen hinweg in eine neue Richtung.

Ich habe dabei gelernt, das Negative nicht mehr nur abzulehnen, zu zerstören und wegzuwerfen – was ja sowieso nicht gelingt –, sondern es in Beziehung zu setzen. Kreativität ist in den allermeisten Fällen keine Leistung unseres Intellekts und Verstandes, sondern die Fähigkeit, sich selbst mit dem Leben in Beziehung zu setzen. Es vergeht das Alte. Die alte Einbahnstraße muss verlassen werden. Ich lasse die alten Stützen, die Sicherheiten los, um neue Lösungen zu suchen und zuzulassen. Ich lasse mich beschenken. Umkehr, Umdenken, Neuwerden ermöglichen einen Weg, sich selbst verwandeln lassen. Die Fähigkeit, neue, ungeahnte Beziehungen aufzubauen, ist vielleicht am Besten in der Wirklichkeit der Auferstehung zu erfahren.

Und beim weiteren Spielen mit den Minuszeichen entstand dann schließlich auch ein Stern, der mich nicht nur an das Kreuz, sondern auch an den Stern von Bethlehem erinnerte.

Das Kreuz, ich ahnte es, aber ich begriff es nur schwer, ist das größte Plus im Leben. Es ist das glaubwürdigste Beziehungszeichen.

Hilfreich ist es, ein Minus oder eine Minuserfahrung in seine Teile zu brechen, mindestens in zwei. Es muss zerlegt und zerkaut werden und multipliziert werden. Ich muss damit kreativ arbeiten, um es verdauen zu können. Dann wird es im wahrsten Sinne des Wortes zum Zeichen des Segens, denn es stellt eine Beziehung her zwischen oben und unten, zwischen unten und oben, zwischen links und rechts und zwischen rechts und links.

Ähnlich erging es mir mit dem mathematischen Problem $\sqrt{a+b}$. Dieses Bild stammt aus einem Traum eines Mitbruders, den ich begleiten durfte. Er träumte, dass er vor einer Tafel mit der unlösbaren Aufgabe: $\sqrt{a+b}$ steht. Zuerst hatte weder er noch ich begriffen, was diese Aufgabe bedeutet, aber im Zusammenhang seines Lebens und seiner Gottsuche wurde klar, dass es um seine Gottesbeziehung, um die grundsätzliche Beziehung zwischen Gott und Mensch geht, die eigentlich völlig unmöglich ist. »a« und »b« sind völlig voneinander verschiedene Größen, so wie Gott und Mensch. Gibt es da überhaupt eine Beziehung zwischen beiden und wodurch?

Beziehung zwischen Gott und Mensch ist nur durch dieses Plus, »+«, möglich. Und dieses Plus ist das Ergebnis von Minus mal Minus. Zwischen Gott und Mensch scheint es oft überhaupt keine Beziehung zu geben. Eine Verbindung ist scheinbar unmöglich. Nur wenn es gelingt, »a« und »b« durch das Plus, durch das Kreuz, wirklich zu verbinden, entsteht eine neue Größe, weil sie miteinander verschmelzen.

Aber aus dieser Wurzel kann ich nur lernen, wenn ich sie selbst erfahre. Aus der Gotteserfahrung kann ich lernen, wenn ich daraus die Wurzel ziehe.

Das ist nicht leicht. Ich habe oft versucht, aus »a + b« die Wurzel zu ziehen. Oft sind es sehr ungenaue Ergebnisse, die sich da ergeben, wie in der Beziehung zwischen Gott und Mensch. Aber es ist eine Beziehung zwischen Gott und Mensch möglich durch das Plus, das Kreuz des Erlösers.

Ganz sicher ist, dass bei der Auflösung der Formel $\sqrt{a+b}$ ein Ergebnis herauskommt, das wir wahrscheinlich mit unserem Verstand nicht genau beschreiben können und das auf alle Fälle unsicher ist. Ich werde mich also mit $\sqrt{a+b}$ zufriedengeben. Es gibt eine Beziehung zwischen Gott und Mensch. Ich kann auch diese Beziehung ausrechnen, beschreiben und davon erzählen. Aber das Ergebnis wird nie genau die Wirklichkeit treffen. Es bleibt immer unvollkommen, wenigstens für unseren Verstand, der alles genau begreifen will. Deshalb bin ich glücklich über diese Formeln aus der Mathematik, weil sie mir bewusst machen, dass ich Gottesbeziehung nie ganz begreifen kann.

P.S.: Ich bin wirklich kein Mathematiker und habe auch mit keinem über meine Gedanken zu mathematischen Formeln gesprochen. Ich müsste herzhaft lachen, wenn ich mathematisch völlig falsch liege, einem Denkfehler aufgesessen bin und doch etwas dabei gelernt habe. Das ist für mich Spiritualität von unten.

Die Inspiration

Michael Reepen

Michael Reepen, geb. 1959, Studium der Theologie, 1982 Eintritt in die Abtei Münsterschwarzach, 1983 zeitliche Profess, 1987 ewige Profess sowie Priesterweihe, zunächst Arbeit als Erzieher im Lehrlingsheim St. Placidus, 1989 bis 1991 Missionar in Tansania, 1991 Rektor des Lehrlingsseminars, drei Jahre Schulseelsorger am Egbert-Gymnasium. Vor seiner Wahl zum Abt von Münsterschwarzach ist Michael Reepen als Novizenmeister für die geistliche Ausbildung der neuen Mönche der Gemeinschaft und als Kursleiter im Gästehaus tätig. Am 20. Mai 2006 wählen ihn die Mönche zum 75. Abt der Abtei Münsterschwarzach. Am 26. Juni 2006 wird er vom Bischof von Würzburg, Friedhelm Hofmann, geweiht. Sein Wahlspruch lautet »In der Freude des Heiligen Geistes«.

Da habe ich Dinge getan,
die ich mir nie zugetraut hätte!
Da kamen mir Gedanken,
die ich vorher noch nie gedacht habe,
da kamen mir Worte,
die ich zuvor noch nie gesprochen habe,
da kamen Gefühle,
die ich zuvor nicht kannte,
da kam eine Gewissheit,
die mich erschreckte,
eine Klarheit
klarer als Kristall,

da kam ein Vertrauen,
dass alles gehalten ist und ich getragen bin,
da kam Gnade,
alles ist Geschenk.

Inspiriert durch das Gespräch mit Teilnehmern des
Kloster-auf-Zeit-Kurses,
inspiriert durch die Bäume auf der Bachallee,
inspiriert durch das Schweigen auf dem Winkelhof,
inspiriert durch das Rauschen des Baches hinter dem Haus,
inspiriert durch das Schwimmen im Teich,
inspiriert durch das gemeinsame Singen der Vigil,
inspiriert durch die tolle Predigt,
inspiriert durch den kleinen Paul,
inspiriert durch das Zuhören eines Mitbruders,
inspiriert durch das zufällige Gespräch,
inspiriert durch die Lehre des Meisters,
inspiriert durch das Sitzen in der Stille,
inspiriert durch den Vortrag,
inspiriert durch die zufällige Lektüre,
inspiriert durch ...,
alles kann zur Inspiration werden,
wenn ich mich öffne für den darin liegenden Geist.

Inspiration
bewegt,
wird zur Tat,
handelt,
ist kreativ,
schafft Neues,
lässt geschehen,

lässt Altes neu verstehen,
öffnet neue Horizonte,
neue Ideen,
neue Wege.

Da ist Geist drin,
Heiliger Geist,
Fülle des Geistes,
Lebendiger Geist,
Feuer des Geistes,
Weisheit des Geistes.

In der Freude des Heiligen Geistes.

Das »wohlbeschaute« Ding

Ingrid Riedel

Ingrid Riedel, Prof., Dr. phil., Dr. theol., geb. 1935, Dozentin und Lehranalytikerin am C.-G.-Jung-Institut Zürich, Honorarprofessorin der Universität Frankfurt am Main. Psychotherapeutin in eigener Praxis in Konstanz. Basierend auf den Erkenntnissen C. G. Jungs arbeitet Ingried Riedel u.a. mit der Maltherapie und hat hierzu entsprechende Ansätze entworfen. Sie ist Autorin zahlreicher Bücher zu den Themen: Frauen, die zweite Lebenshälfte, Altern, Tiefenpsychologie in Farben und Symbolen. In ihrem Buch »Geschmack am Leben finden« wendet sie sich der Bedeutung der Sinne für ein sinnerfülltes Leben zu.

> »Ein jegliches Ding, wohlbeschaut,
> schließt ein neues Organ in uns auf.«
> (Goethe)

Das »Wohlbeschauen« eines »jeglichen Dings«, um mit Goethe zu sprechen, ist das, was mich immer wieder inspiriert.

Es inspiriert mich, solch ein »Ding«, was es auch sei, das ich wähle, genau zu betrachten, in Ruhe, mit allen Sinnen, die ich dabei gebrauche, um es genau wahrzunehmen, um es schließlich ganz in mich aufzunehmen. Dabei beginne ich, mir Gedanken darüber zu machen, Einfälle dazu zu haben, Phantasien, und vor allem auch Gefühle. Ein neues Organ der Wahrnehmung tut sich auf, nicht nur der Wahrnehmung dieses einen »Dings«, sondern, von diesem Ding ausgehend und ausstrahlend, eine neue Wahrnehmungsmöglichkeit meiner Welt und meiner selbst. Das »Ding« kann mir dabei unversehens zum Sinn-Zeichen, zum Symbol werden. Nicht selten ist es so, dass ich durch dieses »Wohlbeschauen« das Ding, das ich dabei kennenlerne, zu lieben beginne, zusammen mit der neuen Wahrnehmungsweise, die sich mir an ihm erschließt: Dies alles ist Grundlage der Inspiration.

Als »Ding«, das ich beschauen möchte, wähle ich z.B. jenen alten hölzernen Kahn, das Ruderboot, das ich unten am Ufer des Sees liegen sehe, zur Hälfte an Land gezogen, zur anderen Hälfte jetzt vom Wasser umspült. Die Sonne durchlichtet die hellen, rötlichen Holzplanken seines Inneren, die beiden Ruderbänke, die abgedeckten Sitzgelegenheiten an Heck und Bug. Die Außenwand des Bootes, leicht geschwungen zu einer Mandelform, hebt sich davon ab, in dunklerem Rotbraun gestrichen. Die Vorrichtungen zum Einhängen der beiden Ruderpaare werden sichtbar, die jetzt aber nicht angebracht sind, da das Boot an Land liegt. Das Boot ruht an Land, doch würden wenige Handgriffe und ein kraftvolles Anstoßen genügen, um es wieder ins Wasser zu bringen und ausfahren zu lassen. Türkisfarben schimmert derweilen der See, in den das Heck des Bootes mit seinen warmen Farben hineinragt, in seinem rötlich getönten Holz, das jetzt in dem Sonnenlicht fast orangefarben aufschimmert. Seegräser umranken das Boot, leise vom Wind bewegt, wilde Blumen darunter, in Violett und Gelb.

Auch Farben können mich immer wieder inspirieren, nicht nur hier. Sie erwecken mich vor allem emotional. Hier ist der Farbklang von Türkis und Orange, dann von Rotbraun, Violett und Gelb. Helle leichte Töne stehen neben dunklen schwereren Klängen. Eine gewisse Kontrapunktik in Stimmung und Erleben tut sich angesichts dieses Farbklangs auf und wird mir beim

»Beschauen« des Bootes bewusst: eine Stimmung und Schwingung zwischen der schwebenden Heiterkeit des warmen apfelfarbenen Holztons, dem changierenden Türkis der Wasserfläche und demgegenüber dem schwereren Klang der Außenwände dieses rotbraunen Bootskörpers, mit dem das noch dunklere Rotviolett der lupinenartigen Strandkerzen zusammenspielt.

Kein Zweifel: Das »Wohlbeschauen« dieses ruhenden Bootes beginnt mich zu inspirieren, mich in eine angeregte Stimmung zu versetzen; es fängt an, meine Phantasie und meine Gedanken zu beleben, ja es will darüber hinaus zum Symbol und Sinnbild tieferer Lebenszusammenhänge werden.

Wozu inspiriert es mich? Es inspiriert mich dazu, mich in dieses Boot hineinzuversetzen und in meiner Imagination hinauszufahren. Im übertragenen Sinn heißt das, dass mich Einfälle, Gedanken und Erinnerungen zu diesem Boot überkommen: zum Ruhen des Bootes am Ufer, wie ich es jetzt vorfinde, wie auch zu seiner Möglichkeit, wieder auszufahren.

Dieses Boot lockt Erinnerungen hervor an frühere Sommer hier am See, an der gleichen Stelle, macht frühere Abschnitte meiner Lebensgeschichte wieder gegenwärtig: Ausfahrten am Abend, bis der riesige orangefarbene Mond über den Bergen aufstieg und wir uns dem Anblick hingaben, bis wir bemerkten, dass wir uns auch um eine fachgemäße Beleuchtung unseres Bootes kümmern mussten.

Andere Ausfahrten waren da bei Sturm, als ich einmal eine Windsurferin weit draußen bemerkte, die ihr Segel nicht mehr aufrichten konnte und immer weiter hinaustrieb. Die Schwere des Anruderns gegen den Wind, mit dem im Wasser mitgeschleppten Segel, sie wird mir wieder bewusst, aber auch die angenehme Breite des Bootes, seine Seesicherheit in den aufgewühlten Wellen, auch wenn es darauf schwankte. Ausfahrten schließlich waren da für lange Stunden, wenn es galt, den TÜV, der auch für Ruderboote gilt, wieder zu erneuern, wenn wir dann unterwegs waren und gegen Wind und Strömung, die uns immer wieder gegen das Ufer drängten, in die Bucht einruderten, in die TÜV-Station schließlich, in der wir, die wir gänzlich ohne Motor fuhren, zwischen hochgerüsteten Yachten wie Exoten bestaunt wurden, wie Menschen aus einer früheren Zeit.

Als das Wasser des Sees in einem Jahr trockener Hitze schließlich so weit zurückgewichen war, dass wir das Boot benötigten, um überhaupt eine Wassertiefe zu erreichen, die Schwimmen erlaubte, da ruderten wir wie durch eine Lagunenlandschaft, gelegentlich an gestrandeten und verendeten Fischen vorbei, bis wir auf der Höhe des Sees das nach wie vor reine und tiefe Wasser erreichten: Jetzt wussten wir, was wir an unserem Holzboot hatten! Wenn es ruhig und weit draußen im See liegt, eine Tiefe von 60 Metern unter sich, spüren wir, wie tragfähig diese hölzerne Nussschale ist, von der man abspringen kann, um zuverlässig wieder einzusteigen, auch über 60 Metern Tiefe. Das Boot ist etwas Tragendes und zugleich ist es etwas Getragenes, mit dem man sich Tiefe und Strömung aussetzen kann. Ein Boot ist ein Fahrzeug, um erhebliche Entfernungen auf Wasserwegen zu überwinden, und dabei gegen Wind und Wellen anzugehen und anzukommen, ein Boot kann auch etwas Rettendes sein.

Von Jesus wird berichtet, dass er im Boot zu schlafen vermochte, während es im Sturm umhergeworfen wurde: ein Zeichen tiefen Vertrauens – letztlich auf Gott, aber zunächst auch auf das Boot. Von beiden war er getragen.

Ein Boot also ist etwas Tragendes und etwas Getragenes – über diese Doppeldeutigkeit nachzudenken, die unser Menschenleben überhaupt bestimmt, bin ich nun inspiriert worden durch das »Wohlbeschauen« unseres alten Holzbootes.

Sind wir nicht alle unterwegs auf dem Wasser des Lebens in solch einem Boot des (Gott-)Vertrauens, als Rudernde das Boot mittragend, antreibend und steuernd, soweit es geht, letztlich aber doch getragen, dank unserem Boot (von dem, »dem Wind und Meer gehorsam sind«) – und auch dies wohl noch bei der letzten Ausfahrt, vielmehr Überfahrt, die die Griechen als Bootsfahrt über die Wasser des Styx beschreiben?

Nun ruht mein wohlbeschautes Boot am Ufer, zur Hälfte an Land gezogen: Es ist eine Zeit der Ruhe jetzt, es sind Ferien, aber es erinnert mich auch daran, dass überhaupt die Ruhezeit des Lebens begonnen hat, jenseits der Siebzig, in der das Boot öfter ruhen darf als früher, in der es an seinen Ankerplatz zurückkehrt und an Land gezogen ist. Es ist eine Zeit, in der es erinnern darf an lange und kühne Fahrten, ohne sie alle noch einmal machen zu müssen; in der es aber doch immer auch noch bereitliegt, gewartet und seetüchtig gerüstet zu sein für die große Überfahrt an jenem Tag, an dem sie anzutreten ist.

Zu all diesen Gedanken hat mich dieses »Ding«, das Boot, »wohlbeschaut« nun inspiriert, hat aus dem Ding, dem Boot, ein Symbol werden lassen, ein Sinnzeichen – und es fällt mir noch ein Letztes dazu ein:

Es war ein Boot, in dem ich Münsterschwarzach zum ersten Mal im Leben, ich war etwa fünfzehn, anfuhr, auf dem Main, der auch mein »Kindheitsfluss« (Ingeborg Bachmann) ist. Kein Motorboot, sondern ein motorfreies Paddelboot war es, auf dem ich mit einer gleichaltrigen Schulfreundin zusammen den Main hinunterpaddelte, in dem wir uns vielmehr hinuntertreiben ließen, von Schleuse zu Schleuse, von Schweinfurt bis Münsterschwarzach. Dort zogen wir das Boot aus dem Fluss, bargen es in einem Weidengebüsch am Ufer. Was suchten wir in Münsterschwarzach? Die Abtei war unser Ziel, genauer: Die Osternachtsfeier wollten wir miterleben. Wir beide, nicht katholisch, ahnten auf einmal wieder etwas von der möglichen Kraft der Symbole, die uns wie eine Sehnsucht anzog: die Symbolik des Lichtes und des Feuers, das aus der Nacht, sogar des Todes, aufleuchten und auferstehen kann. Um in die Nähe dieses Geschehens, dieses Rituals zu gelangen, diente uns das Boot. Es war uns auch selbst gleichsam zum Symbol geworden als das Fahrzeug, auf dem man »den Fluss des Lebens« hinunterfährt, letztlich bis zu dessen Einmündung ins Meer, ins Ewige.

Eine wichtige Station auf diesem Weg aber kann, wie für uns damals, Münsterschwarzach sein, mit seinem benediktinischen Sinn für Symbol und Ritual, wie er sich auch für mich hier wieder erschloss, mit dem Sinn für Kontemplation, die nichts anderes ist als eine Weise der »Wohlbeschauung« der Dinge, auch lebenswichtiger Dinge. Diese »Wohlbeschauung«, die zugleich Beschauung, Kontemplation sein kann, ist für mich immer wieder die Grundübung und die Grunderfahrung, aus der mir Inspiration entspringt.

Die Freiheit

Nina Ruge

Nina Ruge, geb. 1956, Studium der Biologie und Germanistik für das höhere Lehramt, bis 1987 Lehrerin und Studienrätin, nebenbei verfasst Nina Ruge als freie Mitarbeiterin Beiträge für den NDR-Hörfunk, 1987 gibt sie ihren Beamtenstatus auf und wechselt nach Berlin, um beim Film zu arbeiten. Zunächst ist sie Garderobiere, dann Scriptgirl, schließlich Regieassistentin. Sie arbeitet im Familien- und Frauenprogramm beim Sender »Freies Berlin«. Seit 1988 moderiert sie tägliche Nachrichtenformate: zunächst bei RIAS tv, dann im ZDF als (Co)-Moderatorin im »heute journal«, »heute Nacht« und »Leute heute«. Seit 2007 moderiert sie mehrere Talkshows und Magazinsendungen für ARD und ZDF, unter anderem auch die Talkshow »Unter4Augen« im Bayerischen Fernsehen. Darüberhinaus hat sie bisher 18 Bücher geschrieben und herausgegeben.

Die Frage nach den Quellen meiner eigenen, urpersönlichen Inspiration hat einiges ausgelöst. Da bin ich nun auf der Suche nach diesem Quellgebiet (ganz nach Erich Kästner: »... in seinem Leben wie in einem Haus treppauf und treppab gehen können«) in London gelandet. 1969. Ich war 13 Jahre alt, trug Rattenschwänze plus Klemmen im Haar und wurde von sämtlichen Müttern unseres Braunschweiger Umfeldes als Inbegriff der Bravheit gehuldigt. Was mir nicht wirklich Freunde einbrachte, aber ein zufriedenes Elternhaus.

Ich sang damals mit großer Leidenschaft im Braunschweiger Kinder- und Jugendchor Sopran. Und weil der Chorleiter Manfred Ehrhorn ein genialer Chorleiter war, lernten wir viel über die Seele der Musik und wurden in ganz Europa auf Chor-Festivals eingeladen. Das Singen war sicher eine wichtige Quelle der Inspiration für mich scheues Etwas. Doch geradezu eine Offenbarung, eine inspirierende Initialzündung war ein ganz anderes Erlebnis, am Rande einer Chor-Reise ins »Swinging London« der sechziger Jahre.

Wir hatten einen sehr guten Auftritt beim Festival und unser Chorleiter wollte uns ganz besonders dafür belohnen. Er hatte Karten für das Musical besorgt, das damals alle Welt faszinierte – oder auch erschreckte, je nachdem: für »Hair«.

Es war damals allerdings erst für Jugendliche ab 16 freigegeben. Und ich danke Manfred Ehrhorn bis heute auf Knien dafür, dass er mich augenzwinkernd reingeschmuggelt hat. Denn dieser Abend hat den Grundstein gelegt in meinem Leben – es hat mich inspiriert, Mut zu entwickeln, eigene Wege zu gehen; eigene Maßstäbe zu finden, an sich selbst und vor allem an die Liebe zu glauben. In aller Verantwortlichkeit, die dafür vonnöten ist. Meinen Eltern habe ich von diesem Abend nie etwas erzählt. Sie hätten mich sofort diesem haltlosen Chorleiter entzogen. Aber meine innere und äußere Veränderung, die haben sie weiß Gott gespürt.

Ich war zu 100 Prozent ein Kind der deutschen Wiederaufbauzeit. Mein Vater – Verfolgter des Nazi-Regimes – konnte erst nach 1945 mit dem Studium beginnen. Und so war meine Kindheit (und die meiner älteren Schwester) von dem geprägt, was fast alle in den Nachkriegsjahrzehnten erlebten: vom eisernen Willen, sich eine Existenz zu schaffen, Deutschland wieder aufzubauen, die Kriegsfolgen so schnell wie möglich verschwinden zu lassen. Pflichtbewusstsein. Strenge mit sich selbst. Zielorientierung. Den Wert des Materiellen achten und schätzen.

Und was war mit dem Spirituellen, mit Gott? Klar gingen wir hin und wieder in die Kirche. Doch im Glauben hatten meine Eltern während der Kriegs-Gräuel niemals Halt gefunden. Zudem hatte ihre ganze Generation gelernt, Gefühlen zu misstrauen. Schließlich was das Hass- und Vernichtungs-System Hitlers fast ausschließlich auf Gefühls-Manipulation gebaut gewesen.

Und um die persönlichen Schreckens-Erlebnisse dann später überleben zu können, blieb oft nichts anderes übrig, als die »Schreckens-Seismographen« abzuschalten: Die Gefühlswelt so vieler Menschen der Kriegsgeneration war zu großen Teilen tot. Dies war zu Zeiten des Dritten Reichs notwendig, um mental zu überleben.

In dieser Welt wuchs ich auf. Behütet, in einem Frieden, der für mich selbstverständlich, für meine Eltern das größte Geschenk auf Erden war. Zugleich hatte diese Situation eine Enge, die ich mit 13 unmerklich zu spüren begann: »Nur wer sich bewegt, spürt seine Fesseln.«

Und jetzt endlich der Musical-Abend in London. Mit einem Schlag hat er in mir die ganze Palette der nicht gelebten Gefühle freigelegt. Das war Inspiration pur. Und ich denke, das war beispielhaft »Inspirationsmuster« einer ganzen Generation.

Zunächst natürlich die Musik. Magisch-melodiös, ganz neue Klänge, suggestiv, voll von Sehnsucht und Lebensfreude, die nur die eine Saite in mir zum Klingen brachte: die Saite des puren Gefühls, das sonst so sehr gebändigt worden war. Love, Peace and Happiness. Eine Welt, in der anderes regierte als Pflichterfüllung und braves Rollenverhalten. Eine Welt, in der sich die so fremdartigen und zugleich wunderschönen Sänger auf der Bühne wie langhaarige Feen und Elfen bewegten. Sie wirkten so frei, so unbeschwert, so ... glücklich!

Sie sangen von Liebe und von Leben und von Liebe ... Nicht so, wie wir's aus der deutschen Schlager-Welt kannten. Die hatte mich damals zwar auch immer mal wieder zum Schluchzen gebracht, aber das sprudelte nicht annähernd von so tief unten herauf wie dieses verheißungsvolle Glücksgefühl, als ich in der tobenden Menge vor dieser Londoner Bühne stand.

Ja, und dann ... Auweia. Dann tanzte doch tatsächlich eine junge Frau in die psychedelische Dekoration, die war ... »obenrum« ganz nackt! Volle Brüste – und kein BH, gar nichts! Ich war schockiert. Und fasziniert. Sie fand das ganz offenbar unheimlich gut. Traumwandlerisch bewegte sie sich auf der Bühne und sang »Aquarius«. Schlechtes Gewissen, Verklemmtheit, Angst und Unsicherheit – nichts von dem, womit ich mich herumschlug, schien an ihr haften zu können. Sie sang von Liebe und Freiheit. Und sie sah so aus, als ob sie beides lebte. Wie beneidenswert!

Ich war begeistert, berührt, benommen ... und als mich dann der einschüchternd selbstbewusste Hauptdarsteller am Ende auf die Bühne hob, zum Mittanzen und Blumen schwenken – da war's um mich geschehen. Von diesem Augenblick an war mir klar: Ich werde auf die Reise gehen. Auf die Reise meines eigenen Lebens. Ich werde Situationen, Erlebnisse suchen – und ich werde sie selbst zu erzeugen versuchen –, die mich immer weiter führen. Hin zu einem Leben, das sich lohnt. Das hier und jetzt ist. Das sinnreich ist. Das Liebe ist und Mitmenschlichkeit. Eine Feier unserer Existenz.

Das ist es also, »was mich inspiriert ...«. Inspiration ist ja immer da. Sie braucht nur einen Resonanzboden in mir, um sich entfalten zu können.

Wie »Hair«, das plötzlich zu wehen begann – in der Seele einer 13-Jährigen.

Die Weite

Fidelis Ruppert

Fidelis Ruppert, Dr. theol., geb. 1938, nach dem Abitur 1959 tritt er ins Noviziat der Abtei Münsterschwarzach ein, 1963 ewige Profess, Studium der Philosophie und Theologie. 1964 empfängt Fidelis Ruppert die Priesterweihe und setzt dann seine Studien in der Ordenshochschule Sant'Anselmo in Rom fort. Besonders interessiert ihn die Erforschung des alten Mönchtums, er promoviert zu diesem Themenkreis bei Professor Alfons Auer. Später wirkt er als Präfekt in der Erziehung der Jugend und leitet zahlreiche Exerzitien-, Meditations- und Jugendkurse. 1979 wird Fidelis Ruppert zum Prior von Münsterschwarzach ernannt, von 1982 bis 2006 ist er Abt des Klosters. Er setzt sich in dieser Zeit für neue Formen des Zusammenlebens in der klösterlichen Gemeinschaft ein und setzt Zeichen beim äußeren Aus- und Aufbau von Münsterschwarzach. 2006 legt Fidelis Ruppert sein Amt als Abt nieder. Seither wirkt er als Seelsorger in der Abtei, hält Exerzitien und Meditationskurse und studiert vor allem wieder verstärkt die alte Mönchstradition, um sie für heute fruchtbar zu machen.

Kürzlich fragte mich eine Frau, ob sie mir etwas schenken dürfe, etwa ein Buch. Ich antwortete: »Ja, ein Buch. Aber eines mit wenig Worten und viel freiem Raum.«

Ich war selber über meine spontane Antwort überrascht und musste erst überlegen, was ich denn da eigentlich gesagt hatte. Ich lese gern. Ich lese viel. Oft habe ich aber den Eindruck, dass ich wenig lese. Sehr wenig.

Wenn ein Satz mich anspricht oder anspringt, muss ich aufhören zu lesen, um dem Wort Raum zu lassen, viel Raum. Es arbeitet und arbeitet weiter ...

Es fehlt mir nicht an Inspiration. Mich kann alles Mögliche inspirieren. Sogar schlechte Texte können mich inspirieren, weil sie zum Weiterdenken herausfordern.

Ich suche nicht Inspiration, sondern Exspiration: Wo kann all das, was ständig an Kreativität aufbricht, einen Raum finden? Wo sind Orte, an denen das aufbrechende Leben sich formen und zeigen kann, wo es sich hinaushauchen kann in die passende Form und Freiheit? Wo sind Augen, die ruhig schauen und Ohren, die still hören können auf das, was schon lange ist, aber ständig überhört und übersehen wird?

Ich merke immer mehr, dass ich die Stille suche, Orte, wo nichts ist, damit das Platz hat, was aufbrechen möchte und vor lauter Fertigem und Unnötigem, vor lauter Müll und Chaos nicht atmen kann. Die Stille inspiriert mich nicht, sondern sie schafft die Möglichkeit, dass das, was schon längst wächst, ans Licht kommen kann. Exspiratio – Hinaushauchen ...

Ich kann das an einem Beispiel illustrieren: Vor einigen Jahren war ich für einige Tage in einem Haus unserer Mitbrüder direkt am Strand des Indischen Ozeans, ganz allein, aber nicht einsam. Stundenlang sah ich auf das Meer – weit, blau, türkis ... oder ich lag schaukelnd auf den Wellen, am Horizont gelegentlich ein Segelboot, unendlich langsam – wie aus einer anderen Welt. Es war alles gut. Aber es fehlte auch etwas.

Es wollte etwas kommen: es war da, aber noch nicht sichtbar. Auf einmal stiegen in mir Gedichte auf – obwohl mich niemand für einen poetischen Menschen hält. Gedichte, die schon fertig waren und nur auf den Augenblick gewartet hatten, dass genügend Raum und Stille für ihre Geburt vorhanden ist.

Ich habe einfach nur geschrieben, wie bei einem Diktat. Es dauerte Tage. Immer wieder mal ein Gedicht, das anklopfte und leben wollte. Es füllten sich Seiten. Aber auf jeder Seite stand fast nichts. »Minimal-Worte«. Viel freier Raum, sehr viel freier Raum, freiheitlicher Raum ...

Einige Zeit vorher hatte ich die Gedichte von Robert Lax entdeckt. Das war wohl die Form, in die hinein sich meine Exspiration spontan ausgedrückt hat. Beim Schreiben, und noch mehr beim Wiederlesen war mir, als würde ich mit jedem Wort weiter, als würde ich von innen her verändert.

Aber eigentlich waren es nicht die Worte, sondern das Schweigen »zwischen den Zeilen«, die freien Räume auf den Blättern, aus denen Leben sprudelte. Da war Platz für die Weite des Meeres, blau und türkis. Da war Platz für Tiefe und Freiheit – für den unsichtbaren Weg des Segelbootes.

Da war Platz für IHN, für ALLES.

Kürzlich hörte ich den Satz: »Die eigentliche Sprache Gottes ist das Schweigen. Alle anderen Sprachen sind schlechte Übersetzungen.« Dieses Wort beschäftigt mich mehr und mehr.

Gute Literatur ist dann wohl, wenn man in einer dieser »schlechten Übersetzungen« den Urtext des Schweigens nachklingen hört.

Das Gebet

Wolfgang Schäuble

Wolfgang Schäuble, Dr. jur., geb. 1942, Studium der Rechts- und Wirtschaftswissenschaften, 1971 Promotion mit der Arbeit »Die berufsrechtliche Stellung der Wirtschaftsprüfer in Wirtschaftsprüfungsgesellschaften«, Eintritt in die Steuerverwaltung des Landes Baden-Württemberg, zuletzt als Regierungsrat beim Finanzamt Freiburg. Wolfgang Schäuble ist evangelischer Christ und mit der Volkswirtin Ingeborg Schäuble verheiratet, mit der er vier Kinder hat. Er ist Bundesminister der Finanzen, Mitglied des deutschen Bundestags und Mitglied des Bundesvorstands der CDU. Wolfgang Schäuble erhält zahlreiche Auszeichnungen, unter anderem mehrere Ehrendoktorate.

Jeder Mensch braucht Quellen der Inspiration für seine Lebensgestaltung. Neue Vorstellungen, Anstöße zum Handeln entstehen nicht nur aus uns selbst heraus, sondern sie werden auch vielfach von außen an uns herangetragen – sei es in der persönlichen Begegnung, sei es in der öffentlichen Debatte, sei es in der Lektüre eines Buches. Viele Leser gewinnen ihre Inspiration gerade auch durch die Auseinandersetzung mit der Gedankenwelt und der Persönlichkeit von Pater Anselm Grün.

Auch Politiker brauchen Anstöße von außen. Wer sich abschottet, läuft Gefahr, seine Aufgaben nur zu verwalten statt zu gestalten. Eine Politik für die Menschen kann man nur machen, wenn man die Anregungen der Menschen aufnimmt. Für mich sind deswegen die gesellige Begegnung und das persönliche Gespräch mit ganz unterschiedlichen Menschen stets von Gewinn. Wahre Kreativität ist ohne solche Impulse, die Geist und Seele beflügeln, nicht denkbar. Und ohne Kreativität gibt es keine nachhaltigen Problemlösungen und keinen Fortschritt.

Im Umgang mit Menschen lernt man auch, dass es wenig hilft, im idealistischen Überschwang politische Luftschlösser zu bauen, die der Realität nicht standhalten. Man muss die Menschen nehmen, wie sie sind, im Guten wie im weniger Guten. Und das bedeutet, dass menschliches Zusammenleben auf einen Ordnungsrahmen, auf Regeln und Begrenzungen angewiesen ist.

Eine ganz besondere Möglichkeit geistiger und seelischer Inspiration für uns alle ist die Begegnung mit Gott im Gebet. Außerhalb der Hektik des Alltags ist sie erfrischend und gibt Kraft für jeden neuen Tag.

Die Endlichkeit

Jeremias Schröder

Jeremias Schröder, Erzabt, geb. 1964 in Mindelheim im Unterallgäu. 20 Jahre später tritt er gleich nach seinem Abitur als Mönch ins Kloster St. Ottilien ein. 1985 bis 1990 studiert er Philosophie und Theologie in Rom, von 1990 bis 1994 Geschichte an der Universität Oxford. Im Jahre 1992 erhält er die Priesterweihe. Anschließend ist Jeremias Schröder bis 2000 in St. Ottilien Sekretär von Erzabt Notker Wolf, Archivar und Schriftleiter der Zeitschrift »Missionsblätter« und des »Jahrbuch St. Ottilien«. Im Oktober 2000 wird er auf Lebenszeit zum Erzabt von St. Ottilien gewählt. Damit ist er direkt in St. Ottilien für mehr als 100 Benediktinermönche verantwortlich. Zugleich ist er Leiter der Missionsbenediktiner-Kongregation von St. Ottilien und in dieser Funktion für über 1000 Mönche in der ganzen Welt zuständig.

Meine größte Inspirationsquelle ist der Tod – das hätte ich eigentlich schreiben wollen. Aber das klang mir dann doch etwas zu sehr grandios und apodiktisch. Und so begnüge ich mich stattdessen mit der Endlichkeit, die einem im Allgemeinen in Dosen widerfährt und die deshalb etwas »handhabbarer« ist.

Die Endlichkeit spornt an, die zugemessene Zeit auszukosten. Mir ist es als 35-jährigem Mann zum Beispiel widerfahren, in ein unbefristetes Amt gewählt zu werden. Im Blick auf die durchschnittliche Lebenserwartung in unserem Land gibt das – auch bei meiner etwas unterdurchschnittlich entwickelten Fitness – die Aussicht auf etliche Jahre bis Jahrzehnte des Amtswirkens als Erzabt von St. Ottilien. Aus eigener Erfahrung kann ich sagen, dass diese lange Perspektive zwar persönlich beruhigend wirkt, aber weder stimulierend noch inspirierend ist. Inzwischen darf ich davon ausgehen, dass in dieser Sache doch irgendwann wieder etwas in Bewegung kommen wird – und schon diese Andeutung eines begrenzteren Zeithorizontes erweist sich als Energie- und Inspirationsquelle.

Paulinisch-benediktinisch heißt es: Lauft, solange ihr das Licht des Lebens habt! Mir gefällt dieser stoische Blick, der das eigene Ende und die Endlichkeit des Geschaffenen ansehen kann und dabei nicht in Depression verfällt, sondern – im Gegenteil – durch die Begrenzung angespornt wird. »Carpe Diem« – »Pflücke den Tag, genieße ihn« ist für ein Kloster zwar etwas zu hedonistisch formuliert, aber der heilige Benedikt meint mit seinem Auftrag zur täglichen Todesbetrachtung im Grunde etwas sehr Ähnliches.

Die Wirkungen dieser Endlichkeitsbetrachtung sind keinesfalls so apathisch-schicksalsergeben, wie man vielleicht meinen könnte. Gerade weil da schon unverrückbare Grenzen sind, wird es wichtig, sozusagen seitwärts auszubrechen und gelegentlich Licht auf ganz anderen Feldern zu suchen. Die letzte Horizonterweiterung dieser Art war für mich die fast gleichzeitige Lektüre von Elizabeth Pisanis »The Wisdom of Whores« und der Autobiographie eines amerikanischen Erzbischofs. Beide zeigen Welten, die einem Klosterbruder eigentlich verbogen bleiben: einerseits die Untergründe des Sexgeschäfts und der AIDS-Bekämpfung und andererseits wie mühsam und persönlich zermürbend es sein kann, in der katholischen Kirche ein Amt auszuüben. Die frische Nüchternheit der Forscherin lässt einen spüren, dass es in der AIDS-Bekämpfungsindustrie noch mehr romantische Verklärung und ideologische Verblendung gibt als in unseren Moralhandbüchern. Der Erzbischof, der auf seine Weise ein großer Mann war, auch wenn seine Laufbahn skandalbehaftet endete, tut einem oft nur leid – und zwar fast mehr als die im Titel von Elisabeth Pisani angesprochenen Frauen. Wichtiger als die Inspiration zum Mitleid ist aber, dass mich eine solche Lektüre aufrüttelt, freier und objektiver auf das zu blicken, was unter uns Menschen wirklich passiert. Wer das sieht, wird anders leben, denken, handeln. Er wird inspirierter sein.

Am Schluss geht es bei der Endlichkeit dann aber – trotz eingangs gezeigter Zurückhaltung – doch um den Tod. Der große finale Schlusspunkt ist zugleich der größte Ansporn, nach dem Unendlichen zu suchen. Dass wir Christen dem Tod mit leiser Ironie begegnen können, ist schon ein kleines Indiz dafür, dass wir auf dem richtigen Weg sind.

Das Wort

Christian Schütz

Christian Schütz, Prof. Dr. theol., geb. 1938. Nach dem Abitur in Passau tritt Christian Schütz in das Kloster der Missionsbenediktiner in Schweiklberg bei Vilshofen ein und studiert Katholische Theologie an der Benediktinerhochschule Sant'Anselmo in Rom. Seine Priesterweihe erfolgt 1964. Nach der Promotion in Rom 1965 und der Habilitation in Würzburg 1971 ist er als Professor für Dogmatik und Dogmengeschichte an der Katholisch-Theologischen Fakultät in Passau und dann in Regensburg tätig. 1982 wird Christian Schütz zum fünften Abt von Schweiklberg gewählt. Dieses Amt hat er bis 2007 inne. Seither ist er Spiritual im Benediktinerinnenkloster Neustift bei Vilshofen. Christian Schütz ist Herausgeber des weit beachteten »Praktisches Lexikon der Spiritualität«, das 1992 erscheint.

Die Frage, was einen inspiriert, ist nicht neu. Die Antwort darauf hängt vom Zusammenhang ab, in dem sie gestellt wird. Der Kontext, in dem ich sie als an mich gerichtet empfinde, ist der des Umgangs mit dem Wort auf den verschiedenen Ebenen, auf denen das der Fall sein kann. Die Geschichte kennt dafür allerhand Beispiele. Von Martin Luther wird der Ausspruch überliefert, er könne bei Musik besser predigen. Was also inspiriert mich bei meinem Dienst an und mit dem Wort?

Als Theologe und Seelsorger habe ich es vor allem mit dem Wort der Heiligen Schrift zu tun. Das ist für mich Berufung und Beruf, aber auch persönliche Erfüllung, die man auf den

Nenner der Freude am Wort der Bibel bringen könnte. Die Wurzeln dieser Freude reichen zurück in meine Schulzeit, in das Studium der alten Sprachen und der Literaturgeschichte. Hier ist unterschwellig eine Sensibilität für Wort und Sprache grundgelegt worden und gewachsen, die sich in der Beschäftigung mit den biblischen Texten zu einer Art »Philologie« (Liebe zum Wort) entwickelt hat.

Auf der Suche nach einem passenden Weg die Schrift zu lesen, entdeckte ich die sogenannte Västerås-Methode, eine Weise des Vorgehens, die in der schwedischen Stadt Västerås entstanden ist. Im Rahmen dieses Verfahrens ziehe ich es vor, die Bibel nach Möglichkeit in ihrer Ursprache zu lesen, ohne die Glättungen der auf Verständlichkeit und Lesbarkeit bedachten Übersetzungen. Es sind gerade die Unebenheiten, Ecken und Kanten des Urtextes, an denen sich der Verstand stößt und wund reibt, die mich herausfordern, nach den Gründen fragen und suchen zu lassen. Der Hinweis, es handle sich dabei um Zufälle, Versehen, Fehler oder Irrtümer, reicht mir nicht als Erklärung. Meine Beobachtungen sagen mir, dass die biblischen Autoren ein sehr hohes Einfühlungsvermögen in die Sprache, ihre Formulierungen und Ausdrucksmöglichkeiten wie auch in die ihnen zugrunde liegenden Ereignisse, Geschehnisse und Erfahrungen sowie deren Mitteilbarkeit besessen haben. Ihre Darstellung fasziniert mich und lässt mich nicht mehr los. Sie führt meinem Eindruck nach an jene Schwelle heran, an der Ereignis bzw. Erfahrung und Wort einander berühren bzw. ineinander übergehen.

Es genügt, unter diesem Blickwinkel beispielsweise einmal die Perikope vom Sturm auf dem See, wie Markus sie in seinem reihenden Erzählen schildert, »nachzulesen«, »nachzuempfinden« und »nachzuvollziehen«. Eine solche Sprache wirkt auf mich nachhaltig inspirierend, weist in die Tiefe und nach vorne. Sie erinnert mich in ihrer Dichte an einen Vorgang, von dem Goethe in der Rede des Himmels an die Erde in deren Urzeit sagt: »Wie das Wort so wichtig dort war, weil es ein gesprochen Wort war.«

Mit der erhellenden Kraft, wie sie für mich vom biblischen Wort ausgeht, berührt sich eng eine Inspiration, wie sie Kindern eigen ist. Kinder besitzen in meinen Augen eine relativ unmittelbare Nähe zu den Ursprüngen. In der Inspiration, die für mich wichtig ist, kommen die Ursprünge zum Zug und zur Sprache. Diese Erfahrung ist keineswegs neu oder exklusiv. In den von Martin Buber erzählten chassidischen Geschichten schickt ein berühmter Rabbi einen Schüler zu einem kleinen Kind in die Lehre; von ihm könne er drei Dinge lernen: »Es ist fröhlich, ohne eines Antriebs zu bedürfen; keinen Augenblick verweilt es müßig; und woran es Mangel hat, weiß es kräftig zu begehren.«

Nachdenklich stimmende Weisheit des Lebens kommt mir nicht weniger aus dem Mund von Kindern entgegen. Sie bringt mich auf einen Weg, der verborgene Türen auftut, andere Blickwinkel zeigt und mir ungewöhnliche Reichtümer schenkt. Eine Begebenheit aus der jüngsten Vergangenheit mag das veranschaulichen: Ein dreijähriges Kind, das Geschwisterzuwachs erhalten hatte, bat, es mit diesem allein zu lassen. Die Eltern willigten ein und hörten an der Tür mit. »Mama und Papa erzählen«, so das Dreijährige, »dass die Kinder vom lieben Gott kommen. Du kommst ganz frisch von ihm, sage mir doch, wie er aussieht und was er zu dir gesagt hat, denn ich habe es in der Zwischenzeit schon vergessen.« Es wäre zu wenig, wollte ich diese Geschichte mit einem Schmunzeln abtun. Sie begleitet mich und meldet sich in der Erinnerung immer wieder zu Wort. Das Ergebnis ihrer Inspiration ist immer noch offen.

Zu dem, was mich seit Jahren fasziniert, zählt die Welt der Berge. Es ist nicht die Versuchung zu alpinistischen Leistungen und Experimenten, die mich dabei lockt, sondern mehr die Freude an der Bewegung und an der Schöpfung. Je vertrauter ich mit den Bergen einer bestimmten Region werde, desto mehr tritt der Gedanke an die Erprobung der eigenen Kräfte und Fähigkeiten in den Hintergrund. Die Begeisterung wandert mehr und mehr nach innen, zugleich wächst mit ihr die Inspiration, die durch die Berge ausgelöst wird. Diese hängt für mich mit der Sprache des Schweigens zusammen, die die Berge sprechen. Die Stille, die sie umgibt, wird durch ihre mächtige Erscheinung noch unterstrichen. Sie greift nach dem, der in ihren Bann gerät. Sie hütet die stumme Zwiesprache, welche die Berge mit ihrem Grund und ihrer Umgebung führen. Es ist ein friedliches Nebeneinander und Miteinander, das die Berge wie eine Kette untereinander und mit der sie umgebenden Landschaft verbindet. Sie wirken wie die Anführer und Wortführer ihres intensiven Schweigens. Durch ihre Richtung und ihren Blick nach oben entsteht für mich der Eindruck, als würden die Berge gleichzeitig einen Dialog mit den Wolken, dem Himmel und dem Licht veranstalten – geheimnisvoll zwar, aber doch zuverlässig, ununterbrochen und treu.

Jeder, der im Gehen, Steigen und Klettern einen Berg erobert, wird dadurch von selbst für mich in ein Gespräch mit dem Berg versetzt. Der Berg spricht zu mir durch alles, was mir auf dem Weg entgegenkommt. Der Berg besitzt so etwas wie eine Botschaft, die gelesen werden will und inspiriert. Wenn ich mich darauf einlasse, dann werde ich in eine Zwiesprache verwickelt, die von der Glut der Inspiration gesteuert und genährt wird. Diese hat für mich mit dem Rühren an das Geheimnis und dem Berührtwerden davon zu tun.

Das Schmone-Essre-Gebet

Josef Schuster

Josef Schuster, Dr. med., Studium der Medizin, Arzt für Innere Medizin, ab 1975 Engagement im Vorstand des Bundesverbandes jüdischer Jugend, seit 2002 Präsident des Landesverbandes der israelischen Kultusgemeinden in Bayern. Nach den Anschlägen auf jüdische Einrichtungen im Jahr 2000 sagt er: »Als Jude in Deutschland muss man immer wachsam sein.« Für sein fruchtbares Engagement im Dialog der Religionen und der Förderung jüdischen Lebens in Bayern wurde er mit der bayerischen Verfassungsmedaille ausgezeichnet.

»Bei der Schmone Essre kommen mir die besten Gedanken«, pflegte hin und wieder Raw Spiro, der große Fürther Rabbiner der Nachkriegszeit, zu sagen. Das ist für einen frommen Mann und orthodoxen Rabbiner eigentlich ein erstaunliches Bekenntnis; denn kaum ein anderes Gebet der jüdischen Liturgie fordert von uns größere Aufmerksamkeit, intensivere Konzentration als die Schmone Essre. Wessen Gedanken bei diesem Gebet abschweifen, soll innehalten bis sich diese Gedanken verflüchtigt haben, um dann im Gebet fortzufahren. Und doch – wenn ich bedenke, sind auch mir schon »beste Gedanken« bei der Schmone Essre gekommen. Oder war und ist es die Schmone Essre selbst, die mich inspiriert? Eine schwierige Frage.

Die Schmone Essre leitet ihren Namen her vom hebräischen Wort für Achtzehn; denn sie wird auch das »Achtzehn-Bitten-Gebet« genannt. Sie heißt aber auch »Amida«, die »Stehende«;

denn sie wird im Stehen gebetet. Oder sie heißt einfach »Tefillah«, das Gebet. So wird ihre herausragende Bedeutung als Hauptgebet eines jeden Gottesdienstes deutlich. Den achtzehn Segenssprüchen und Benediktionen wurde aber eine neunzehnte hinzugefügt, ohne dass der Name geändert worden wäre.

Die Schmone Essre beginnt – hier in der Übersetzung von Seligmann Bär Bamberger – mit den Worten: »Gelobt seist du, Ewiger, unser Gott und Gott unserer Väter, Gott Abrahams, Gott Isaaks und Gott Jakobs, ein großer, starker und furchtbarer Gott, der du beglückende Wohltaten erweisest und Eigner des All bist, der du der Frömmigkeit der Väter gedenkst und Erlösung bringst ihren Kindeskindern um deines Namens willen in Liebe. König, Helfer, Retter und Schild! Gelobt seist du, Ewiger, Schild Abrahams!« Dieser ersten Benediktion (hebräisch »Brachah«, Mehrzahl »Brachot«), genannt »Stammväter«, folgen zwei weitere: »Macht« und »Heiligung Gottes«. Diese drei bilden den Anfangsteil mit drei Segenssprüchen. Es folgt der Hauptteil, der von Wochentagen zum Schabbath und zu den jüdischen Festen etwas variiert und endet mit dem Schlussteil, der wiederum aus drei Brachot besteht: »Tempeldienst«, »Dank« und »Priestersegen und Fürbitte«. Die letzten Worte, wiederum in der deutschen Übersetzung des großen Würzburger Rabbiners des 19. Jahrhunderts Seligmann Bär Bamberger lauten:

»Verleihe Frieden, Glück und Segen, Gunst und Gnade und Erbarmen uns und ganz Israel, deinem Volke, segne uns, unser Vater, uns alle vereint durch das Licht deines Angesichts, denn im Lichte deines Angesichts gabst du uns, Ewiger, unser Gott, die Lehre des Lebens und die Liebe zum Guten, Heil und Segen, Barmherzigkeit, Leben und Frieden, und gut ist es in deinen Augen, dein Volk Israel zu jeder Zeit und zu jeder Stunde mit deinem Frieden zu segnen. Gelobt seist du, Ewiger, der du dein Volk Israel mit Frieden segnest.« Dieses Gebet spricht jeder leise für sich allein auf Hebräisch und am Ende wiederholt es der Vorbeter.

Die ältesten Texte belegen, dass die Schmone Essre seit dem 9. Jahrhundert in etwa dieser Form gebetet wird, doch bereits zu Zeiten des babylonischen Exils gab es Gebete mit den Themen der Brachot. Die Schmone Essre ist also ein Gebet, das Gebet des Gottesdienstes schlechthin, das Juden seit Hunderten und Aberhunderten von Jahren gebetet haben, in allen Zeiten der Verfolgung, aber auch des Friedens.

Man könnte sagen, es ist angefüllt mit allen Gefühlen, die Menschen zu allen Zeiten bewegt haben: mit der Freude und der Trauer, der Angst und des Glücks, aber immer in Hingabe zu Gott und zu seiner Verherrlichung. So ist die Schmone Essre zu allen Zeiten Gegenstand der Betrachtung und Belehrung unserer Weisen und Rabbiner gewesen. Wie sie zu beten sei, was während des Betens der Schmone Essre zu vermeiden, was zu tun sei, das nimmt einen wesentlichen Teil unserer Bücher ein.

Eines dieser Bücher, die uns Ratschläge und Belehrungen für unser tägliches Leben erteilen, ist der »Kizzur Schulchan Aruch«, verfasst von dem großen ungarischen Talmudgelehrten Schlomo ben Joseph Ganzfried (geb. 1804 in Ungvar, gest. ebenda 1886). Er bezieht sich mit dem »kurzen« Schulchan Aruch auf das große Werk des Schulchan Aruch (»Der gedeckte Tisch«) von Joseph ben Ephraim Caro (geb. 1488 in Toledo, gest. 1575 in Safed), dessen Kodifizierung jüdischer Gesetze und Vorschriften bis heute das Grundlagenwerk jüdischen Lebens ist. Der »kurze« Schulchan Aruch wurde als volkstümliche Zusammenfassung aller auftretenden Fragen jüdischen Lebens und Alltags übersichtlich gegliedert und in verständlicher Sprache aufgezeichnet. Er gibt Menschen, die nach der jüdischen Überlieferung, der »Halacha«, leben, einen Leitfaden für ihr Leben an die Hand. Der Kizzur Schulchan Aruch erschien erstmals 1864 und wurde immer wieder nachgedruckt, in viele Sprachen übersetzt und bis heute verbreitet.

Die Vorschrift für das Schmone-Essre-Gebet enthält zweiundzwanzig Paragraphen. Im dritten heißt es: »Der Betende soll wissen, dass die Gegenwart des Ewigen vor ihm ist, wie geschrieben steht: Gieße wie Wasser dein Herz aus vor dem Angesicht des Ewigen. Er erwecke seine Andacht und entferne alle störenden Gedanken, sodass sein Denken und Sinnen beim Gebet lauter verbleibe; er stelle sich vor, dass, wenn er vor einem König aus Fleisch und Blut zu reden hätte, er sicherlich seine Worte ordnen und gut überlegen würde, um nicht zu straucheln, um so mehr muss man vor dem König über alle Könige, dem Heiligen, gelobt sei Er, muss man vor Ihm, gepriesen sei sein Name, seine Gedanken ordnen, ist das Denken gleich dem Sprechen, und alle Gedanken prüft Er. Vor dem Gebet denke man an die Größe Gottes, gepriesen sei sein Name, und die Schwäche des Menschen und entferne alle irdischen Lüste aus seinem Herzen.«

Wie können einem also, betet man so, wie unsere Weisen es uns gelehrt haben, »beste Gedanken« kommen? Sicherlich sind es auch manchmal, entgegen allem, was unsere Weisen uns sagen, profane und alltägliche Gedanken, die mir während der Schmone Essre kommen. Das sind nicht die, die mich inspirieren. Vielleicht ist es der Geist des Gebetes, das Wissen darum, wie viele Generationen meiner Familie es vor mir gebetet haben und in welchen Lebenslagen.

So wie eine alte Synagoge oder eine alte Kirche in ihrer Atmosphäre die Hoffnungen, die Sehnsüchte, auch die Angst der

Menschen in sich aufnimmt, sodass sie selbst nichtgläubigen Menschen das Gefühl der Erhabenheit vermittelt, so ist es für mich mit der Schmone Essre. Es ist wohl die Erhabenheit dieser alten Worte, die mich inspirieren, die Schmone Essre selbst.

Die Begegnung

Marietta Slomka

Marietta Slomka, geb. 1969, Studium der Volkswirtschaftslehre und Internationalen Politik an der Universität Köln und der University of Kent in Canterbury, ihre Diplomarbeit widmet sie der Internationalen Politik mit den Schwerpunkten internationale Konflikte und Vereinte Nationen. Marietta Slomka ist Moderatorin des »heute journal« sowie des Nachrichtenmagazins »heute Nacht« und arbeitet auch als Reporterin. Sie wurde mit dem Adolf-Grimme-Preis sowie dem Radio-Regenbogen-Award als »Medienfrau 2008« ausgezeichnet. Marietta Slomka wohnt in Köln und ist mit Christof Lang verheiratet.

Ich reise gerne und viel in ferne Länder, beruflich wie privat. Auch Urlaub heißt für mich eigentlich nie »am Strand liegen«, sondern »Abenteuer erleben«. Wobei »Abenteuer« besondere Naturerlebnisse sein können, aber auch die Begegnung mit Menschen. Besonders die Lebenswirklichkeit von Menschen in anderen Kulturen zu beobachten, ist für mich eine wahre Quelle der Inspiration. In der Betrachtung des Fremdartigen kann ich mich selbst erkennen – und wiedererkennen. Gerade das fasziniert mich immer besonders: dass im scheinbar Exotischen, Andersartigen doch zugleich so viel Gemeinsamkeit zu finden ist. Im Guten wie im Schlechten ...

Unsere Sehnsüchte, Hoffnungen, Ängste – wie global sie doch sind! Ob es die junge Chinesin ist, die mir das Nachtleben von Peking zeigte und darüber klagte, wie schwer es sei, den richtigen Mann zu finden. Oder der alte Indio, mit dem ich durch den Regenwald von Belize stapfte und darüber sprach, wie Menschen von der Landschaft geprägt werden, in der sie aufwachsen, und von der Vergangenheit: »Unsere Ahnen sind in uns«, sagte er. Ich erinnere mich an den liebenswert-verrückten Johnny (»You know, I am the king of Africa«), der mich durch seine Heimatstadt Johannisburg führte und erklärte, warum Langeweile die Quelle allen Übels sei: »You know, people need something to do.« Oder das Roma-Mädchen, das versuchte, ihre Hütte im slowakischen Slum hübsch zu machen. Der indische Umweltschützer, mit dem ich in Rajasthan (vergeblich) versuchte, wilde Tiger zu sehen, was uns einige gemeinsame Stunden in seinem Jeep bescherte – viel Zeit, um über seine Kinder zu sprechen und wie sehr er sich bemühte, ihnen eine gute Ausbildung zu verschaffen. Oder Hassan, mit dem ich in den farbenprächtigen indischen Ozean tauchte und hernach über die Schöpfungsgewalt philosophierte – wobei es keinen Unterschied machte, ob wir diesen Schöpfer »Gott« oder »Allah« nannten. All diese Fremden haben oft doch so ähnliche Gedanken und Gefühle ...

Ich nehme nicht nur mich selbst überall mit hin, wenn ich reise. Ich begegne mir auch selbst immer wieder, sogar an den abgelegensten Orten. Wenn ich es religiös formulieren wollte, würde ich sagen: Wir sind alle Gottes Kinder. Eigentlich eine einfache Erkenntnis – und doch wird sie so oft übersehen.

Der Kinofilm

Pierre Stutz

Pierre Stutz, geb. 1953, Studium der Theologie, spiritueller Begleiter, Autor vieler Bücher zu einer mystischen Spiritualität. Das Schreiben ist für Pierre Stutz zur Lebensaufgabe geworden. »Schreiben ist für mich gleich Beten«, so sagt er. Aus einer persönlichen Lebenskrise und einer zweijährigen Vertiefung in die christliche Mystik heraus gründet er zusammen mit Freunden den Ort Fontaine-André als »offenes Kloster«. Es entsteht eine Gemeinschaft von Frauen und Männern, auch verheirateten, die miteinander eine Spiritualität im Alltag suchen und leben. Das Schreiben wird für Pierre Stutz zum inneren Feuer. 40 Bücher sind bis heute entstanden. Seine rege Kurs- und Vortragstätigkeit lässt ihn für immer mehr Menschen zum spirituellen Begleiter werden. Er lebt inzwischen in Lausanne. Im Vier-Türme-Verlag ist 2009 erschienen: »Gott sucht nicht immerzu Himmlisches in dir. Briefe an bekannte Mystiker.« Pierre Stutz ist auch unter der Internetpräsenz www.pierrestutz.ch zu finden.

Ein Glücksfall: Mit fünfzehn Jahren habe ich in einem katholischen Internat der Christlichen Schulbrüder in Neuchâtel nicht nur einen befreienden Religionsunterricht erlebt, sondern auch eine Einführung in Filmkunde, die im Religionsunterricht integriert war. Ist dies einer der wesentlichen Gründe, warum ich bis heute leidenschaftlich gerne ins Kino gehe? Da habe ich gelernt, hinter die Bilder zu schauen und die Sehnsucht nach dem Religiösen, nicht nur in bekannten religiösen Symbolen zu suchen. Die Mystikerin Madeleine

Delbrêl (1904–1964) nennt »die Kunst als eine Form von Religion«. Ich stimme ihr zu. Ich entdecke in vielen Filmen die religiöse Tiefendimension unseres Lebens. Wenn ich auf meinen Selbstwerdungsweg zurückblicke, dann verdanke ich die Kraft zum Aufbruch aus dem Gefängnis der Angst nicht nur den heilenden Begegnungen mit Jesus, sondern auch vielen Filmszenen, die mich zum Aufstand für das Leben motiviert haben.

Werde du selbst: Es ist offensichtlich, ich liebe Filme, in denen Menschen zu sich selbst befreit werden. »Die Welt der Kindheit ist immer die unterste Schublade meiner Werkstatt gewesen«, schreibt der schwedische Regisseur Ingmar Bergman (1918–2007). Ich habe alle seine Filme gesehen. Sie rühren mich im Innersten an. Ingmar Bergman gelingt es, die Schwere und die Härte des Lebens in Bildern auszudrücken, die über sich hinausweisen und in denen ich eine Hoffnungsdimension erkenne. Der Film »Fanny und Alexander« (1982), den Bergman die Zusammenfassung seines Lebens als Filmemacher nennt, nimmt viele Motive seines rebellischen Ausbruchs aus dem elterlichen, protestantischen Pfarrhaus auf. Mein Verstand fragt mich, warum ich mir diesen dreistündigen Film schon wieder anschaue, obwohl ich ihn schon dreimal gesehen habe. Meine Seele atmet auf. Sie liebt es, wenn ich mir wiederhole, was mir zutiefst guttut.

Dies gilt auch für den autobiografisch geprägten Film »Amarcord – Ich erinnere mich« (1973) von Frederico Fellini (1920–1993), in dem aus der Perspektive eines 16-jährigen Jungen das Erwachsenwerden während der Zeit des Faschismus in Italien thematisiert wird. Die Suche nach Identität und Verwurzelung sind zentrale Grundthemen vieler Filme und eines jeden spirituellen Weges. Im argentinischen Film »El viaje – Die Reise«

(1992) von Regisseur Fernando E. Solanos (geb. 1936) wird die persönliche Reise des 17-jährigen Martin zur Entdeckungsreise durch den lateinamerikanischen Kontinent. Ich blühe auf, wenn die existenzielle Suche in ihrer politischen Dimension entfaltet wird. Wir sind ja nie Einzelne, sondern immer Teil eines Ganzen. Beim Schauen dieser Befreiungsfilme kann ich ohne Zögern eine Brücke zur befreienden Praxis Jesu schlagen.

Die Heilungsgeschichten in den Evangelien sind für mich Selbstverwirklichungsgeschichten. Jesus entlässt Menschen zu sich selbst, zu ihrem tieferen göttlichen Grund. Echte Heilung wird nur möglich, wenn die blockierten Lebenskräfte erkannt, benannt und erlöst werden können. Dies geschieht in der Bestärkung zur Selbstannahme, wie sie auch der Mystiker und ehemalige UNO-Generalsekretär Dag Hammarskjöld (1905–1961) in wenigen Worten verdichten kann: »Ja zu Gott, ja zum Schicksal und ja zu dir selbst. Wenn das Wirklichkeit wird, dann mag die Seele verwundet werden, aber sie hat die Kraft, zu genesen.«

Diese Genesungskraft entdecke ich auch in den Filmen der Regisseurinnen Jane Camion – »Das Piano« (1993) –, Niki Caro – »Whale Rider« (2002) – und Margarethe von Trotta – »Rosenstraße« (2003). Im Film »Whale Rider – Walreiter« steht die 12-jährige Pai in einem kleinen neuseeländischen Küstenort auf der Bühne und hat den Mut, die patriarchale Linie zu durchbrechen. In der Szene, in der sie sich als erste weibliche Nachfahrin des Urahnen Paikea, des Walreiters, sieht, erfahre ich hautnah die Auferstehungskraft, die Menschen ihr heiliges Feuer, ihr »feu sacré« entfalten lässt.

Innerster Lebensfunke: Ich leite regelmäßig Filmbesinnungswochenenden. Wir schauen uns gemeinsam einen Film an und danach kann in einer persönlichen Vertiefungszeit aufgeschrieben werden, was berührt, befremdet und bewegt. Im Austausch in der Gruppe versuchen wir dann, die mystische Spur freizulegen. Nach einem Vortrag spricht mich jemand an, der überrascht ist, dass sich in aktuellen Filmen eine religiöse Spur finden lässt: »Im Film begegne ich doch nicht dem wahren Leben, sondern einer künstlichen Welt, die gemacht wird. Doch das Wesentliche im Leben lässt sich eben gerade nicht organisieren und planen.« Wer schon einmal bei den Dreharbeiten eines Filmes dabei war, der weiß, wie viele Menschen im Hintergrund hart arbeiten, damit ein Film entstehen kann. Wenn jedoch durch und hinter dieser Arbeit das Leben zu sich selbst gelangt, dann werde ich berührt und in eine Zeitlosigkeit geführt.

Ingmar Bergman bringt die Spannung von Zupacken und Geschehenlassen in dem Buch »Der Film, das Theater, die Bücher« auf den Punkt: »Einfachheit, Konzentration, perfekte Kenntnis und technische Genauigkeit müssen die Grundlage jeder Szene und jeder Sequenz sein. Aber trotzdem ist das immer noch nicht alles. Es fehlt noch das wichtigste: Der innerste Lebensfunke, der wesentlich und unkontrollierbar ist und der, je nachdem, auftaucht oder nicht.« Von diesem innersten Lebensfunken, der unkontrollierbar ist, erzählen auch mystische Frauen und Männer. Meister Eckhart (1260–1328) beschreibt ihn als »Seelenfünklein«, das unaufhaltsam in all unseren Lebensvollzügen spürbar ist, als kraftvolle Gegenwart Gottes, die uns mit allem verbindet.

In den beiden Filmen, die ich in den letzten Wochen gesehen habe – »Séraphine« vom Franzosen Martin Provost und die italienisch-brasilianische Koproduktion »Birdwatchers – Das Land der roten Menschen« von Marco Bechis – kann ich eintauchen in die Kraft des innersten Lebensfunkens. Die Geschichte der verkannten Malerin Séraphine Louis (1864–1942) aus Senlis, die als belächelte Magd heimlich wunderschöne Bilder malt, bewegt mich sehr. Die Situation der Guarini-Kaiowa-Indianer in Brasilien, die gewaltfrei Widerstand leisten und für ihren Regenwald kämpfen, verweist mich auf die mystisch-politische Dimension unseres Lebens. Auf jene Momente, in denen etwas durchbricht, das größer ist als wir selbst. Auf jene Momente, in denen wir über uns hinauswachsen, weil wir die Angst vor der Kraft Gottes in uns verlieren und die Seele einen weiten Raum erhält, der verwurzelt und beflügelt.

Der Zuhörer

Paulus Terwitte

Paulus Terwitte, geb. 1959, Studium der Philosophie und Theologie, 1983 ewige Profess, 1985 Priesterweihe. Nach verschiedenen seelsorglichen Tätigkeiten übernimmt Paulus Terwitte die Leitung des Kapuzinerklosters Dieburg. Seit 2009 lebt er im Zentrum für Berufungspastoral der Kapuziner im »Käppele« in Würzburg. Als Kirchenexperte kommentiert Bruder Paulus für N24 live aus Rom sowohl die Berichterstattung zum Tod von Papst Johannes Paul II. im April 2005, als auch die darauffolgende Papstwahl von Papst Benedikt XVI. Im Hörfunk- und Fernsehprogramm ist er Ansprechpartner und Berichterstatter nicht nur für kirchliche Fragen, sondern auch zu Fragen der Lebensgestaltung unter besonderer Berücksichtigung der seelsorgerlichen Aspekte. Im April 2004 veröffentlicht Bruder Paulus sein erstes Buch mit dem Titel »Ich war im Wandel, du hast mir gemailt«, seitdem folgen zahlreiche weitere Bücher und Veröffentlichungen.

Spricht man vom Gottesdienst, geht es vor allem um die Predigt. Es liegt ein hoher Erwartungsdruck auf dem Prediger. Das hat leider auch darin seinen Grund, dass für viele Gläubige die Mitfeier der Liturgie keine liebe Gewohnheit geworden ist. Schon deswegen setzen viele auf das, was sie meinen, am besten zu verstehen: auf die Predigt. Sie bringen eine Erwartungshaltung mit, der ich als Prediger vor der Predigt entschieden entgegentrete. Ich sage mir: Was ich tue, muss allein Gott gefallen. Und dann hoffe ich, dass ich wenigstens einige Gläubige vorfinde, die mir beim Predigen helfen ...

Helfen? Ja, richtig. Mich inspiriert der aufmerksame Hörer einer Predigt. Doch bis dahin dauert es natürlich. Aber ich bereite mich auf diesen Moment vor. Ich lese das Wort der Bibel, zu dem ich predigen soll. Ich nehme es entgegen als Zeugnis aus der Vergangenheit. Von dort weht mir mit dem Wort ein ewig frischer Wind ins Herz. Der Heilige Geist lässt mich spontan beten. Ich mache mich für die unmittelbare Begegnung mit Gott bereit. Er will über alle Zeiten die Menschen aufklären: über sich, über die Menschen und über die Wunder, mit denen er uns in Erstaunen setzen will.

Was mich aus den Bibeltexten anweht, setzen die Exegeten akribisch frei. Zur Predigt gehört eine ordentliche Textarbeit. So begreife ich das Menschliche, das Historische und das Literarische in den Abschnitten der Heiligen Schrift. Sie helfen mir, in das Damals hineinzusteigen. Eine Szene wird mir wichtig. Ich male sie mir aus. Auch da, wo es eigentlich keine Beschreibung einer Handlung gibt, mache ich eine daraus. Die »Tiefe des Reichtums und der Erkenntnis Gottes« (Röm 11,33) erscheint mir wie eine Tropfsteinhöhle, in der mich Lichtspiele und Wasserbewegungen berühren. Den Jungen mit den »fünf Broten und zwei Fischen« (vgl. Joh 6,9) stelle ich mir vor mit schmutzigen Füßen und wirren Haarsträhnen. Die Gnade, zu deren Zeit »ich dich erhören« will (Jes 49,12) höre ich wie einen stillen Bach, der den Waldboden tränkt. Oder allein das Wort »Abba« aussprechen und dabei nachspüren, dass Jesus es sprach und wie er es sprach ...

Derart in Bewegung gesetzt, schon Tage vor der Predigt, inspirieren mich Zeitung und Fernsehen. Ich habe auch in Gesprächen schon »meinen« biblischen Text wiedergefunden oder in einem Smalltalk im Treppenhaus. Manchmal kam auch im Traum ein Aha-Erlebnis. Nach dreißig Jahren im Kapuzinerorden kann ich wirklich sagen, dass ich im Wort Gottes regelrecht wohne. Ich kann vieles auswendig, mir kommt jede Minute meines Lebens vor, als ob sich darin ein Schriftwort erfüllt: Beim Abwaschen denke ich an Jesus, der daheim seinen Eltern diente. Im Sprechzimmer »spielt« sich gerade das Nikodemusgespräch ab. Auf meinen Zugreisen bin ich Jesus, der durch die Städte und Dörfer zieht. Im Ritus der täglichen Messfeier, des Stundengebetes und der Schriftlesung werde ich zum Trinken angeleitet auch dann, wenn ich selbst gar nicht so recht Durst habe. Es hat viel für sich, das Wort der Schrift jeden Tag aufzunehmen. Erst dann kann es wirken, wie es will.

Der Schritt zur Predigt kommt mir dann vor wie der Ausstieg des Petrus aus dem Boot hinaus auf das Wasser, auf Jesus zu. Manche Gläubige im Gottesdienst wären überrascht, dass ich die Predigt in diesem Bild verstehe. Mich stimmt das auch traurig; viele wissen gar nicht, dass Jesus wirklich mitten unter ihnen ist und gegenwärtig eben auch in der Gemeinde. Mir als Prediger ist das deutlich und wichtig: Dort ist Christus und ich muss auf ihn hören. Der kleine Junge, der im Buch blättert, lustlos. Der Mann dahinten, der mit verschränkten Armen so aussieht, als wolle er erst einmal schauen, »was ihm das Ganze so bringt«. Das verliebte Paar, das mehr mit sich beschäftigt scheint als mit dem, was verkündet wird. Die jüngere Dame, der gesetzte Herr und viele andere, die still und erwartungsvoll da und zu Beginn der Predigt einfach nur mir zugewandt sind. Alle tragen zu dieser besonderen Situation bei, wir bilden gemeinsam den Kairos dieser Stunde. Jetzt bin ich besonders angesprochen vom Herrn dieser Versammlung. Ihm will ich dienen. Er steht mir da vor Augen. Und er steht durch mich denen dort vor Augen.

Vielleicht ertrage ich deswegen nur sehr schwer die großen steinernen Pulte, über die der Prediger hinwegschaut wie der

Nachrichtensprecher. Ich brauche die leibliche Präsenz der Schwestern und Brüder im Raum, mit denen sich das Wort ereignen will, das Christus selbst ist.

Was dann zu sagen ist in dieser Stunde, bestimmt Gottes Geist. Mir ist klar, dass man den nicht zwingen kann. Aber mir ist gleichzeitig sehr bewusst, dass die Form der Predigt, die Gedanken und schließlich die Sätze, die ich sage, von der Gemeinde bestimmt werden. Sie predigt, wenn ich predige. Es ist ihr Glaube, den ich verkünde. Ihre Aufmerksamkeit nährt mich. Ihre Gemütsbewegungen inspirieren mich. So entdecke ich predigend dieses oder jenes, was mir gestern oder vorhin noch nicht aufgefallen ist und was mir ohne diese Gemeinde zu dieser Stunde vielleicht nie aufgefallen wäre.

Die Zuhörer predigen somit mehr, als ihnen bewusst wird. Wenn ich einmal in dieser Rolle bin, merke ich, dass ich gern mitgehe, wenn jemand sich auf diesen Begegnungsprozess mit mir und den anderen im Raum einlässt und mich hineinnimmt in sein Ringen um das rechte Wort. Wohl vorbereitet, wie ich es oben beschrieben habe, und doch ganz gespannt wagt der Prediger es, sich durch meine Aufmerksamkeit und mein Mitdenken verwandeln zu lassen. Selber predigend, möchte ich wie Petrus auf dem See dem Herrn in Gestalt der Gemeinde meine Hand entgegenstrecken und wie Thomas die Wunden Jesu suchend nicht ungläubig, sondern gläubig sein. Die hörende Liebe der Gemeinde lehrt mich eine Predigt, über die ich dann auch schon mal selbst staune. Wie mich vor der Predigt die Bibel und mein Alltag inspirieren, so inspiriert mich in der Predigt die Gemeinde. Ich wünsche allen Predigern immer wieder hörende Herzen, damit sie nie verstummen müssen.

mariengebet

Freddy Derwahl

du hast mir deinen namen gegeben
wie man geheime zeichen gibt
das zarte zitternde leben
jenseits der stille leichtes schweben
der morgen ist ins meer verliebt

du trägst den schleier schöner frauen
obwohl du noch ein mädchen bist
in wehenden tüchern weißen blauen
mit augen die das herz durchschauen
wenn scheu du erste rosen küsst

über das andere werden wir schweigen
etwas blut im schnee wenn der winter naht
vielleicht wirst du dein lächeln zeigen
dich tief hinab zur erde neigen
und reichst die hände einer magd

Das Chorgebet

Karl J. Wallner

Karl J. Wallner, Prof. Dr. theol., geb. 1963, seit 1988 Priester mit verschiedenen seelsorglichen Aufgaben, 1992 Promotion über die »Trinitätskonzeption Hans Urs von Balthasars in Auseinandersetzung mit und in Abgrenzung von Hegel«, Zisterzienser und Rektor der Hochschule Benedikt XVI. im Stift Heiligenkreuz. Karl Wallner ist Professor für Dogmatik und Sakramententheologie, Jugendseelsorger und Verantwortlicher für die Öffentlichkeitsarbeit. 2007 wird Karl Wallner vom Heiligen Stuhl zum Gründungsrektor der päpstlichen Hochschule Heiligenkreuz bestellt, er ist Koordinator für die Organisation des Besuches von Papst Benedikt XVI. am 9. September 2007 im Stift. Karl Wallner veröffentlicht zahlreiche Bücher und Schriften, hält immer wieder Vorträge und ist Verlagsleiter des 2007 gegründeten Be&Be-Verlages.

Die Frage »Was mich inspiriert« habe ich mir bisher noch nie gestellt. Vielleicht hängt das mit meinem »Geschäft« zusammen, denn hauptberuflich besteht meine Aufgabe ja darin, Dogmatik zu unterrichten. Und in der christlichen Theologie besagt der Begriff »Inspiration« etwas sehr Komplexes: »Inspiration« ist die Einflussnahme des Heiligen Geistes auf einen biblischen Autor, die freilich nach der weisen Lehre der Zweiten Vatikanischen Konzils so »respektvoll« geschieht, dass darin die Vorstellungswelt und das zeitgebundene »Wissen« des menschlichen Schreibers nicht aufgehoben wird, sondern zu einem Instrument, um uns »um unseres Heiles willen« etwas mitzuteilen. Vor diesem Verständnis von

Inspiration hatte ich als Dogmatiker bisher viel zu viel Respekt, um überhaupt auf die Idee zu kommen, meine eigene geistige Ideenwelt damit in Verbindung zu bringen. Erst bei einem zweiten Nachdenken ist mir bewusst geworden, dass ja auch die weltliche Sprache das Wort »inspiriert« verwendet, um damit einen besonders kreativen geistigen Zustand zu beschreiben.

Und so sind mir doch einige Dinge eingefallen, die mich inspirieren. Freilich immer vorausgesetzt, dass ich mir nicht einbilde, dass diese Dinge schon unmittelbar oder auch nur mittelbar etwas mit dem Heiligen Geist zu tun haben. In unserer Zeit des »Mega-Super-Individualismus« scheint es mir auch für uns Kleriker eine große Gefahr zu sein, unsere eigenen natürlichen Talente oder unsere persönliche Kreativität schon gleich mit etwas Übernatürlichem oder gar mit dem Heiligen Geist gleichzusetzen.

Schon oft habe ich bei Priesterexerzitien den alten Witz weitererzählt, der davon berichtet, dass einem Pfarrer eine Predigt äußerst fulminant gelingt. Nach der Messe kommen zwei Damen in die Sakristei und bedanken sich enthusiastisch. Eigentlich erzähle ich den Witz vor allem, um vor der falschen Demut zu warnen, die oft nichts anderes als eine versteckte Form von Eitelkeit ist. Denn die Pointe der Geschichte besteht darin, dass der Pfarrer sehr »demütig« abwehrt: »Nein, nein, das war gar nicht ich, der da heute gepredigt hat, das war der Heilige Geist.« Darauf stutzen die beiden Damen, schauen sich gegenseitig an, und sagen dann: »Also Herr Pfarrer, so gut war es auch wieder nicht!« – Wahre Demut hätte dieser Prediger gezeigt, wenn er das Lob dankend angenommen hätte und es innerlich an Gott weitergegeben hätte. Das ist übrigens eine wichtige spirituelle Weisung der Benediktsregel: um das Gute, das man an sich findet, kein großes Aufheben zu machen, sondern es nüchtern festzustellen, anzunehmen und den Dank an Gott, den Urheber, weiterzugeben.

Gibt es etwas, was mich inspiriert? Worin besteht diese Inspiration? Nun, es gibt gewisse Vorgaben, die aus den Lebensumständen kommen und für die man einfach nichts kann. Dem Umstand, dass ich an einem Faschingssonntag geboren bin, messe ich allenfalls schmunzelnd eine gewisse Zeichenhaftigkeit bei. Viel wichtiger für meine fröhliche Grundstimmung ist wohl, dass ich aus einer ganz stabilen und harmonischen und »normalen« Familie komme. Ein unverdientes Geschenk. Dass mein Kopf aber beständig mit irgendwelchen Ideen zur Welt-, Menschen-, Kirchen- und Klosterverbesserung geradezu explodiert – woher das kommt, weiß ich nicht. Es ist auch eher eine Last als ein Segen, wenn man nicht nur das sieht, was falsch läuft, sondern auch das, was noch gar nicht da ist und was bloß möglich wäre. Kann ich mich verständlich ausdrücken? Ich merke, dass viele Menschen immer nur die Fehler, die schwarzen Flecken an irgendetwas schon Bestehendem bemerken. Leider fürchte ich, dass meine Wahrnehmungsfähigkeit weiter geht und dass ich damit »gestraft« bin, dass mir auch alles Mögliche einfällt, was es noch gar nicht gibt, was aber notwendig oder sinnvoll wäre, damit es in Kirche und Orden und Kloster besser ginge. »Gestraft« sage ich deshalb, weil ich das Gefühl habe, dass ich ein innerlich ruhigeres Leben führen könnte, wenn mir nicht dauernd das Defizit des Möglichen auffallen würde. Also: Das Riechen der Möglichkeiten, das würde ich meine besondere »Inspiration« nennen. Oder anders gesagt: Ich fühle mich dann am meisten »inspiriert«, wenn mir etwas einfällt, womit ich für den lieben Gott »etwas Gutes tun kann«.

Ich weiß, dass mit dem Erkennen, dass viel mehr möglich ist, eine große Gefahr einhergeht. Denn wenn man sieht, was fehlt, gerät man leicht in ein frommes Wunschdenken hinein, und das führt dann oft in große Frustration. In der Kirche findet man diese Haltung, die sich in sentimentalen und verbalen Optativen ergeht, derzeit häufig. Und oft geschieht genau das, womit es dem Teufel schon immer gelungen ist, die Idealisten zu blockieren: die hochfliegenden Geister, von denen es in unserer Kirche und in unseren Klöstern ja wahrhaft sehr viele gibt, werden durch die Nicht-Verwirklichbarkeit ihrer eigenen Ideale frustriert. Ihre Inspiriertheit endet dann oft in Ansprachen, Predigten und kirchlichen Programmen, die nur so vor kühnen Optativen strotzen: »Man könnte ...«, »man müsste ...«, »man sollte ...« (Und meistens sind es noch dazu »die anderen« – der Papst, die Bischöfe, der Obere, die Pfarrer oder sonst wer –, die »könnten« und »müssten« und »sollten«.)

Der sicherste Weg, eine Hürde nicht zu überspringen, besteht darin, die Latte so hoch zu legen, dass man einfach nur mehr unten durchlaufen kann. Die gewisseste Weise, einen Berg nicht zu besteigen, besteht darin, unten stehen zu bleiben und bloß mit schmachtendem Blick zum Gipfel hinaufzustarren. Um hinaufzukommen aber, muss man einen konkreten Schritt nach dem anderen setzen. Es ist schon gut, wenn man erkennt, was möglich wäre und was alles sein könnte. Aber um das Mögliche zu realisieren, braucht es die konkretisierende Tat. Daher glaube ich, dass die größere Gnade, die Gott mir schenkt, darin besteht, dass er mich auch manchmal erkennen lässt, welche praktischen Schritte zu setzen sind, um das Ziel zu erreichen.

Das große Ziel zu erkennen ist schon viel; aber man erreicht es eben nicht ohne den kleinen konkreten Schritt. Ich bin dem lieben Gott sehr dankbar, dass er mir nicht nur zeigt, wie viele Ressourcen heute in der christlichen Spiritualität ungenützt sind, sondern dass er mir auch manche praktische Idee zukommen lässt, was man konkret tun kann. Ein Beispiel: Als Jugendseelsorger des Stiftes muss ich dafür sorgen, dass die jungen Leute zu uns kommen, denn wir Mönche sind keine Streetworker, die hinausgehen, sondern wir müssen die Jugendlichen »anziehen«. Das geht nur, wenn man mit ihnen ständig in Kontakt ist. Schon früher hatte ich lange Adresslisten von Jugendlichen und schrieb unzählige Karten; heute geht das mittels E-mail und Internet viel leichter. Dazu ist mir – Gott sei Dank – einiges eingefallen, denn auch hier geht es um konkrete Ideen, um das Reich Gottes in der Realität voranzutreiben: originelle Jugendveranstaltungen wie »Silvester-Alternativ«-Tage; geistliche Sportwochen für junge Männer als gewagte Kombination von Kraftsport und Exerzitien; Jugendfahrten, Jugendtage, die Einbindung junger Leute in die Gestaltung unserer feierlichen Klosterliturgie. Sehr erfolgreich ist ein eigener »Ostiarier-Service« von netten Burschen und Mädchen, die die neuen Teilnehmer an unserer monatlichen Jugendvigil am Kircheneingang freundlich begrüßen und instruieren. Dabei erhält auch jede und jeder Neue eine »Identity-Card«, auf der er uns seine E-Mail-Adresse angeben kann, denn nichts ist wichtiger, als mit Herz und Elektronik mit den jungen Leuten »vermailt« zu sein. Als Thema für unsere ganze Jugendseelsorge ist mir einmal ganz klar der Begriff »Schule des Gebetes« gekommen. Dabei ist die Erkenntnis wichtig, dass wir die jungen Leute vor allem qualitativ zu einer lebendigen Begegnung mit Gott führen müssen. Dieser Gedanke hat mich ganz frei gemacht von allem inneren Schielen nach Quantität; seither geht es mir nicht mehr darum, möglichst viele Jugendliche »herzulocken«, sondern die, die kommen, wirklich in die Tiefe zu führen. Der »Nebeneffekt« scheint zu sein, dass unsere monatliche Jugendvigil auch quantitativ »explodiert«, sodass wir schon Jugendliche abweisen mussten, weil in der Kirche kein Platz mehr war ...

Vielleicht klingen diese Beispiele aus unserer Jugendseelsorge banal – und ich hätte zum Thema »Was mich inspiriert ...« über alle möglichen tiefschürfenden spirituellen Gedanken schreiben sollen, die mir bei der Betrachtung oder beim Gebet einfallen. Ich denke schon, dass ich auch meine inneren Tiefen habe, an denen ich mich meinem Gott auf unmittelbare Weise sehr nahe fühle. Aber am meisten fühle ich den Finger Gottes, wenn mir praktische Dinge einfallen, bei denen ich spüre: Ja, das müsste man so oder so machen, und dann wird dadurch etwas Gutes geschehen! Dann fühle ich mich am meisten »inspiriert«.

Und wann habe ich diese Einfälle? Auch wenn meine Antwort jetzt sehr fromm klingen mag, so ist sie doch ganz ehrlich: die besten Ideen kommen mir beim Gebet, vor allem bei unserem klösterlichen Chorgebet und beim persönlichen Rosenkranz. In den ersten Erzählungen über unseren Orden aus dem 12. Jahrhundert heißt es, dass ein Mönch in einer Vision geschaut habe, wie die Engel Gottes beim Chorgebet durch die Reihen der betenden Mönche schritten. Die Engel schüttelten und rempelten heftig jene Mönche, die mit ihren Gedanken nicht bei den Psalmen waren, um sie aus ihrer Ablenkung wieder zu einem konzentrierten und innigen Gebet zu motivieren. Na ja, bei mir ist das umgekehrt. Da ich ein Morgenmensch bin, fühle ich mich oft gerade auch beim morgendlichen Chorgebet, das fast eineinhalb Stunden dauert, von meinem Engel angerempelt und geschüttelt. Manchmal, damit ich besser bete; noch öfter aber, weil mir eine gute Idee kommt. Manche Idee kann ich nur gleich wieder in die Allmacht Gottes hineinversenken, weil sie so ein »frommer Wunsch« ist, dass ich sie nur dem lieben Gott allein überlassen kann. Oft aber sind es so konkrete Einfälle, dass ich dann den Notizblock zücke, um mir eine Notiz zu machen.

Meine Mitbrüder haben sich – Gott sei Dank – an dieses merkwürdige Verhalten schon gewöhnt. Sie runzeln jetzt nicht mehr die Stirn, wenn sie Pater Karl während des Psalmodierens im Notizblock kritzeln sehen; mein Chornachbar Altabt Gerhard hat sogar festgestellt, dass ich beim »Benedictus« der Laudes besonders inspiriert bin. Und manchmal finde ich dann in meinem Notizblock wirklich etwas, was mir im normalen Getriebe niemals eingefallen wäre ... Ob das der Heilige Geist ist? Ob das ein persönlicher »Schüttelengel« ist? Viele dieser Einfälle konnten verwirklicht werden und haben gute Früchte getragen. Deshalb nehme ich an, dass die »Inspiriertheit« von der richtigen Seite herüberfließt. Und so »nebenbei« bin ich dankbar dafür, weil das Gebet dadurch für mich eine umso spannendere Sache geworden ist.

Das Leben

Paul Weismantel

Paul Weismantel, Domvikar, geb. 1955, Studium der Theologie, Vorsitzender des Exerzitienvereins in der Diözese Würzburg, zeitweise geistlicher Leiter des Kreises junger Missionare, Diözesanleiter des Päpstlichen Werkes für Geistliche Berufe, Spiritual des Priesterseminars. Unter den zahlreichen Veröffentlichungen von Paul Weismantel sticht der von ihm herausgegebene Adventskalender hervor, der seit über zwanzig Jahren jährlich neu erscheint und sich zunehmender Beliebtheit erfreut.

Inspirierend ist das Leben als solches in seiner wunderbaren Vielfalt und seiner geheimnisvollen Schönheit; es ist das Leben, wie es mir begegnet in den Gesichtern und Geschichten der verschiedensten, je einmaligen und einzigartigen Menschen.

Es sind viele gute Erinnerungen aus meiner eigenen Kindheit, die mir vermittelt haben, wie gut es ist, dass es mich gibt und dass ich dem Leben trauen kann, weil da ein Gott ist, der für uns sorgt, uns schützt und stärkt. So haben es meine Eltern mir und meinen drei Geschwistern vorgelebt. Ihnen verdanke ich jenes Urvertrauen, das sie uns als guten Grund mitgegeben haben. Von Kindesbeinen an habe ich erfahren, wie das Leben geprägt war vom Ablauf des Kirchen- und Kalenderjahres, von den großen Festen, den gewöhnlichen Zeiten, den Höhepunkten der Sonntage im Wochenrhythmus. Mit heutigen Worten würde ich sagen, es war ein »ganzheitliches«, eher einfaches, schlichtes, aber tiefes, religiöses Aufwachsen.

Es war ein gläubiges Leben und lebendiges Glauben, ein Ineinander und Miteinander von Göttlichem und Weltlichem, Ewigem und Vergänglichem. Ob im Elternhaus, in der Schule, als Ministrant: das Leben war von vielen heiligen Zeichen geprägt und getragen.

Was mich seit meinem Studium bis heute, vor allem in meinem Dienst als Priester und Seelsorger inspiriert hat und inspiriert, sind Geschichten, die das Leben geschrieben hat und immer neu schreibt – nicht auf Papier, sondern in die Seelen der Menschen. Am besten bewahrt man sie im Gedächtnis des Herzens, das Dankbarkeit heißt. Sie bleiben dort lebendig und werden gegenwärtig in der guten Erinnerung und im Erzählen. Immer ist es die Biographie (man kann dieses Fremdwort aus dem Griechischen gut wiedergeben mit »Lebensbeschreibung« oder »Lebensskript«), die einen Menschen auszeichnet: in seiner Würde und Größe, seinen Licht- und Schattenseiten, seinem letztlich unergründlichen Geheimnis.

Etwas davon taucht auf in unseren Träumen, die uns erstaunen und erschüttern, wachrütteln und trösten können. Nicht nur in der Bibel, sondern auch in unserem eigenen Leben können sie uns als Gottes vergessene Sprache die Augen öffnen für größere Zusammenhänge und wichtige, aber bislang zu wenig beachtete Botschaften.

Was mich inspiriert, sind die höchst persönlichen Liebes- und ebenso oft auch Leidensgeschichten der Menschen, mit dem dazu gehörigen Ringen und Kämpfen, Gewinnen und Verlieren, den Siegen und Niederlagen. Es sind die inneren Wege und Werdegänge, Wagnisse und Wandlungen, Entscheidungen und Entwicklungen. Jedem von uns hat Gott etwas von seinem Charme, seiner Leidenschaft und Sehnsucht eingehaucht, damit wir so unser persönliches Charisma entfalten.

Mich beeindrucken die unterschiedlichsten Charaktere, die Originale, denen es nichts ausmacht, belächelt zu werden; die Mutigen, die sich trauen, auch unbequeme Fragen zu stellen, laut und quer zu denken; die Stillen, die es nicht nötig haben, im Mittelpunkt zu stehen; Menschen, die Gastfreundschaft großschreiben und pflegen, weil sie wissen, wie trist das Leben ohne Gäste und Freunde ist, und wie gut es tut, auch selbst willkommen zu sein. Mich begeistern Menschen, die sich nicht ständig selbst beweisen oder beweihräuchern müssen, sondern so reif und frei geworden sind, sich selbst nicht so wichtig zu nehmen; Menschen, die nicht nur Personen, sondern Persönlichkeiten sind, die sich nichts einbilden auf ihren Erfolg oder ihre Leistung, die nicht in ihrem Selbstmitleid baden oder ihre Empfindlichkeiten pflegen, sondern glaub- und liebenswürdig ihre Lebensaufgabe erfüllen; Menschen, die etwas von der Kunst verstehen, humor- und phantasievoll, heiter, gelassen und großzügig zu bleiben, auch bei Enttäuschungen und Ärger; Menschen mit Tiefgang und Weite, die mit dem langen Atem der Geduld warten und lieben können.

Überraschende Begegnungen im Alltag hinterlassen oft Spuren in meinem Herzen, sie stimmen mich nachdenklich, froh oder traurig. In ihnen steckt eine Ausstrahlungs- und Anziehungskraft, sie wirken und klingen lange nach. Es sind Begegnungen, die ich mit dem verbinde, was das alte biblische Wort »Segen« meint. Ich nenne sie auch gerne Augenblicke der Gnade. Dabei denke ich an das Taufgespräch, bei dem die allein erziehende Mutter mir sagt: »Das größte und schönste Geschenk von Gott ist mein Kind!«

Ich erinnere mich an das Trauergespräch, bei dem der junge Witwer mir erzählt, wie glücklich er mit seiner Frau verheiratet war, wie gut sie sich verstanden und ergänzt haben; aber auch wie wertvoll dic schwere Zeit der unheilbaren Krankheit für sie beide war.

Mir fällt das Ehevorbereitungsgespräch ein, bei dem das junge Paar mir erzählt, wie sie sich schätzen und lieben gelernt haben; wie ihre Entscheidung gereift ist, sich zu trauen, einander das Ja-Wort im Sakrament der Ehe zu geben.

Seit Jahren ist mir die Freude am Wort und an der Sprache immer mehr ans Herz gewachsen. Es erstaunt mich jedes Mal neu, wenn ich in einem Gedicht bemerke, wie viel man mit wenigen treffenden Worten sagen kann. Deshalb ist es mir auch ein sehr großes Anliegen, in Gottesdiensten und Gebeten für eine »bewohnbare« Sprache einzutreten und Worte zu wählen, in denen Menschen sich angesprochen fühlen.

Dabei wünsche ich mir eine geistreiche, inspirierende und variationsfreudige Sprache, die Frauen und Männer aufhorchen und ihnen das Herz aufgehen lässt. Dann können sie etwas erahnen von der Nähe Gottes, der in menschlichen Worten mit uns spricht, um im Kontakt und im Gespräch mit uns zu bleiben.

Für mich ist es eine der schönsten, aber auch anspruchsvollsten Aufgaben, die christliche Botschaft in heutige Sprache zu bringen: im persönlichen Gespräch, beim Schreiben von Texten, beim Predigen. Ich muss diese Botschaft nicht neu erfinden, wohl aber Worte wählen, manchmal auch nach ihnen ringen, um sie so zu sagen, dass sie die Herzen der Menschen heute erreicht und berührt.

Dabei helfen mir die alten Gottesbildworte der Psalmen, die reiche Bildwelt Jesu, mit der er in seinen Gleichnissen, Geschichten und Begegnungen Menschen neu aufhorchen, zu mehr wahrem Leben, in die größere Freiheit finden lässt. Diese Spuren inspirieren mich, ihnen zu folgen, ja dem zu folgen, der sie hinterlassen hat.

Dabei sind es manchmal so einfache, so kurze, so wahre und zugleich not-wendende Worte wie »Komm!« oder »Geh!« oder »Steh auf!«. Oder es sind die beinahe selbstverständlichen Fragen nach dem Grund des Kummers, des Schmerzes, der Tränen, nach dem Herzenswunsch, nach der eigenen Sehnsucht.

In den vier lateinischen Wandlungsworten der Eucharistie – »accepit«, »benedixit«, »fregit« und »dedit« – begegnen mir Schlüsselworte für ein gelungenes Leben im Geiste Jesu. Sie begleiten, stärken, fördern und fordern mich, indem sie mir sagen, es kommt darauf an, »anzunehmen«, »zu segnen«, »zu teilen« und »hinzugeben«.

Was mich inspiriert ist das Leben. Gott und Mensch, Wort und Sprache bleiben für mich wunderbares Geheimnis und geheimnisvolles Wunder.

dein kuss

Freddy Derwahl

abbaye de rochefort, nach der nachtvigil

zur sprache der stille gehört dein kuss
er hat die grenze sanft überschritten
zieht zögernd noch und doch inmitten
der strömung im tiefen fluss

frage nichts sage nichts über die quelle
vermute sie nur an verborgenem ort
entsprungen aus einem geheimen wort
am rande der nacht und des tages helle

kein anderer wunsch allein das eine
im sturz und rausch des wasserfalles
unter bäumen und brücken will er alles
durch deinen atem tauchen ins reine

unser lager liegt verborgen auf grund
wo der sand und die steine treiben
lass uns fließen wir können nicht bleiben
die mündung das meer dein mund

Das Überraschende

Jürgen Werbick

Jürgen Werbick, Prof. Dr. theol., geb. 1946, Studium der Theologie in Mainz, München und Zürich, Promotion 1973 bei Heinrich Fries. Ab 1973 arbeitet Jürgen Werbick als Pastoralassistent in München, 1975 wird er Wissenschaftlicher Assistent am Institut für Praktische Theologie der Ludwig-Maximilians-Universität München. Nach seiner Habilitation für die Fächer Fundamentaltheologie und Ökumenische Theologie 1981 ist er bis 1994 Professor für Systematische Theologie in Siegen und wechselt dann an die Universität Münster, wo er an der Katholisch-Theologischen Fakultät den Lehrstuhl für Fundamentaltheologie übernimmt. Jürgen Werbick ist Mitglied der Schriftleitung der Zeitschrift »Prediger und Katechet«. Er ist verheiratet und hat drei erwachsene Töchter.

Es ist immer wieder anders, immer wieder neu: Wie mich die Begegnung mit einem Menschen inspiriert, ein Gedicht, eine Bach-Kantate, eine Bruckner-Symphonie, ein Kirchenraum. Und das ist das Schöne daran – das Befreiende. Inspirationen sind Überraschungen. Ich weiß nie im Voraus, ob sie geschehen und was sie mit sich bringen. Ich könnte allenfalls zu sagen versuchen, was das mit mir macht: Inspiration; vielleicht auch: was als Inspiration mit mir geht, nicht nur als »gute Idee« über mir aufleuchtet und gleich wieder verglüht.

Eine Inspiration holt mich heraus aus dem alltäglich-unablässigen Reagieren- und Sich-auf-irgend-etwas-einstellen-Müssen. Ja, ich bin gefragt, man will etwas von mir. Ich muss versuchen, die Erwartungen nicht zu enttäuschen. Ich muss es fertigbringen, sehr unterschiedliche Bedürfnisse zu befriedigen: in der Familie, am Arbeitsplatz, auch meine eigenen, wenn ich sie denn kenne. Wie schön, dass man etwas von mir erwartet. – Kaum auszudenken, wenn niemand mehr von mir etwas wollen würde! Wie schön, dass ich in so vieles verwickelt bin und vieles mitgestalten kann. – Kaum auszudenken, wenn alles an mir vorbeiliefe! Aber: Wer in so vieles verwickelt ist, an so vielen Orten präsent sein muss, wo ist der überhaupt da? Lebt er überhaupt noch Präsenz, Da-Sein?

Inspiration hilft, da zu sein, »Geistes-gegenwärtig«, aufmerksam. Inspiration unterbricht mein Wegmüssen, vielleicht auch Weg-sein-Wollen; unterbricht das Hierhin- und Dahin- oder auch das Weghören. Sie schenkt Konzentration und Aufmerksamkeit; sie schenkt Da-Sein. Wer da ist, kann hören; dem kann etwas oder jemand wichtig werden, zum Weggefährten, der längere oder kürzere Lebensstrecken mitgeht. Alles andere kann man vergessen; und man vergisst es. Das klingt jetzt noch zu sehr nach Erholung, nach geistlicher Wellness: dass ich mit Geistes-Gegenwart und Präsenz beschenkt werde. Das Aufgeweckt- und Aufgestörtwerden gehört dazu, gerade dann, wenn ich dösend weg sein möchte. Ich erlebe einen Menschen, der es wirklich ernst meint und alles – viel jedenfalls – auf eine Karte setzt. Er bezeugt beispielsweise, dass man nicht einfach weg sein und wegschauen darf, wenn Elendsflüchtlinge im Chinesischen Meer oder im Mittelmeer ertrinken. Das ist keine angenehme und erholsame Inspiration; es ist eine, die ich lieber los sein möchte. Und so ist es oft, wenn Menschen etwas ernst nehmen – und mich mit sich heimsuchen. Hätten sie mich lieber in Ruhe gelassen mit dem Geschenk ihrer Präsenz, mit ihrer Herausforderung an mich, da zu sein. Ob man glücklich werden kann mit solchen Geschenken und Inspirationen? Ich weiß es nicht.

Aber ich weiß nun, dass ich das nicht abschütteln kann; dass ich ausweiche, wenn ich jetzt nicht da sein würde.

Inspirationen erwischen mich hie und da regelrecht »von hinten«. Sie kommen über mich, sodass ich mich ihrer nur schwer erwehren kann. Wie kann man sich wehren, wenn man aufgeweckt wird, wenn in mir Schlummerndes wach wird! Das Freundschaftsmotiv aus Verdis »Don Carlos« kann mich erwischen und die Sehnsucht nach Freundschaft in mir aufwecken, die Frage leider auch – unvermeidlicherweise auch sie –, ob ich freundschaftsfähig bin; die zwiespältigen Erinnerungen, die mit dieser Sehnsucht in mir schlummern. Bachs »Actus tragicus« kann mich erwischen mit seiner wunderschön-wehmütigen Todes- und Auferstehungsgewissheit: Was rührt mich da an, in meinen Zweifeln und Ängsten, die mit wach werden? Nur dies weiß ich: Ich wäre so viel ärmer, wenn mich der »Actus tragicus« nicht erwischt hätte und hie und da immer noch erreicht; wenn ich das Kyrie der »Hohen Messe« nie gehört hätte mit seinem unendlich ausgreifenden Flehen, beredter als viele hilflose Bittgebete. Ich wäre ärmer. Aber reich bin ich durch diese Inspirationen auch nicht, so als würde mir etwas gehören. Ich bin viel mehr: begleitet; nicht in Ruhe gelassen, mit dieser Musik angesteckt, sodass sie mitunter noch im Traum widerhallt; von ihr dann irgendwie geweckt, hineingeweckt in den Tag. Wofür, wohinein sonst noch? Ich weiß es nicht. Ich weiß nur, dass ich ohne all das ärmer wäre.

Inspiration? Mitunter wird mir aufmerksam Gegenwart geschenkt – und zugemutet, Geistes-Gegenwart: durch aufmerksame Menschen, die mir diesen Raum geben, in dem ich mich »einsammeln« und da sein kann. Das ist auch nicht gerade reines Wellness-Programm. Sie sind für mich da – und ich werde die Frage nicht mehr los, wo ich denn eigentlich stecke, wo ich mit mir hin will. Präsenz ruft nach Präsenz, nach meiner Präsenz. Wenn es ganz gut geht, ruft sie sie sogar herbei. Und ich muss nichts weiter tun und fragen. Ich weiß ein wenig besser, ahne, was das ist und wie es sich anfühlt: Da-Sein.

Inspiration? Ja, sie tut gut, weit über alles Wohlfühlen hinaus: Da ist ein guter Ort, ein anderer Ort. Ich habe zu einem Ort gefunden, an dem ich mich noch nie aufhalten durfte. Die Umgebung, die »Welt«, sieht ein wenig anders aus. Ich bin in ihr an einem Ort, den ich vielleicht nie ganz verlassen werde, egal wo ich in meinem Leben auch hingerate. Ganz räumlichkonkret: das Kirchlein von Mario Botta in Mogno, weit oberhalb des Lago Maggiore im oberen Maggia-Tal. Ein klein wenig begreife ich, was das Besondere dieses Ortes ausmacht; wie ich einbezogen bin in die elementaren Raum-Realitäten, in die Fast-Utopie eines Raumes, die einem den guten Ort erahnen lässt, an dem man bleiben möchte. Ein wenig begreife ich. Aber die Inspiration und ihr Umfeld, der Himmel, die Erde hier und die Häuser, geben mir nicht zu wissen, sondern zu leben, wecken in mir die Frage, wo ich hin möchte; rufen die Ahnung wach, was das wäre: gern bleiben und da sein.

Inspiration wieder anders: Da sind die Texte der Alttestamentler-Kollegen, die mir die Psalmen neu nahegebracht und das Buch Ijob aufgeschlossen haben. So kann mit mir gehen, was ich ohne ihre Hilfe etwas ratlos zurücklassen müsste. Aber da sind auch die irritierenden Romane von Michel Houellebecq, die schaudern machen bei dem, was sie als die innerste Logik unserer Zeit nachzeichnen. Da sind natürlich Gedichte, die mir vielleicht nur einzelne Worte mitgeben und zur Besinnung bringen: »Näher an das Absichtslose« (Rainer Maria Rilke). An das Absichtslose? Bin ich ihm nahegekommen? Habe ich eine Ahnung davon?

Inspiration: Da erreicht mich und geht mit mir, was mich spüren und glaubend ergreifen lässt, wofür ich lebe; da beginne ich zu ahnen, was sich mir in meinem Leben öffnet und mich über mich selbst hinaus ruft; es berührt mich, was mich lebendig macht. Der Geist aber weht, wo er will; er berührt und inspiriert mich, wie er will. Wie gut, dass ich nicht weiß, wo er morgen und übermorgen auf mich wartet, um Leben in mein Leben zu bringen.

Afrika

Jochen Zeitz

Jochen Zeitz, geb. 1963, ist seit 1993 Vorstandsvorsitzender der PUMA AG und inzwischen der am längsten amtierende Vorstandsvorsitzende eines börsennotierten Unternehmens in Deutschland. Nach dem Studium der Betriebswirtschaft an der European Business School in Oestrich-Winkel steigt er 1987 bei Colgate Palmolive ein und wechselt 1990 als Marketing Manager zur PUMA AG, wo er bereits ein Jahr später als Vice President den Bereich International Marketing und Sales verantwortet. Zeitz führt das Unternehmen ab 1993 erfolgreich durch eine umfassende Restrukturierung und macht PUMA in der Folgezeit zu einem der begehrtesten Sportlifestyle-Unternehmen. 2008 führt er das unternehmensweite, an den Prinzipien der Nachhaltigkeit orientierte Leitbild PUMAVision ein und gründet im selben Jahr die »Zeitz-Stiftung« für Interkulturellen Ökosphärenschutz mit dem Ziel, Umwelt- und Naturschutz, Gemeinschaft, Kultur und wirtschaftliches Handeln zu verbinden.

Manchmal sind es Reisen oder Träume, die inspirieren und Entscheidungen langfristig beeinflussen können. So erging es mir mit Afrika. Als ich vor über 20 Jahren auf den Kontinent kam, war ich tief beeindruckt. Ein Afrika, über das die Medien leider immer noch viel zu selten positiv berichten und das mich von Beginn an in seinen Bann gezogen hat. Ich bin seither fasziniert von der Kreativität, der Lebensfreude der Menschen, der Farbenfreude und Vielfalt des Kontinents und seiner Kulturen. Und nicht zuletzt von der eindrucksvollen Tierwelt. Seitdem hat mich der Kontinent nicht mehr losgelassen. Ob als Unternehmer oder Privatreisender, als Gründer einer Stiftung oder Manager bei PUMA: Afrika ist für mich nicht nur eine unerschöpfliche Quelle der Inspiration, sondern der Geist des Kontinents fließt manchmal bewusst, manchmal unbewusst in viele Projekte und innovative Entwicklungen mit ein.

Ein Beispiel für die inspirierende Wirkung von Afrika ist unser unternehmensweites Leitbild PUMAVision, das ohne meine jahrzehntelangen Erfahrungen in Afrika in dieser Form nicht entstanden wäre. Bei der Entwicklung dieser PUMAVision habe ich mich zusammen mit meinem Team durch ein spirituelles, kreatives und naturverbundenes Afrika inspirieren lassen, von dem auch wir Europäer lernen und profitieren können. Wir haben dabei auch die Chancen für eigenständige Ideen und Projekte für und aus Afrika für den Rest der Welt genutzt. Wertschöpfung durch Wertschätzung würde Pater Anselm Grün das wohl in seiner unnachahmlichen und prägnanten Art und Weise nennen.

Nicht in Afrika, wohin auch das Kloster Münsterschwarzach langjährige gute Verbindungen und Beziehungen unterhält, sondern in Nürnberg fand mein erstes Zusammentreffen mit Pater Anselm Grün statt. Moderiert von Dr. Bernd Deininger diskutierten wir 2008 als »Mönch und Manager« im Presseclub über Fragen unternehmerischer Ethik und sozialer Verantwortung. Die Podiumsdiskussion spiegelte in vielen Bereichen das wider, was wir bei PUMA schon länger versuchen, in die Tat umzusetzen. Denn bei allem wirtschaftlichen Fokus wollen wir mit unserem Engagement im Bereich Unternehmensverantwortung sicherstellen, dass das Ziel, zum begehrtesten Sportlifestyle-Unternehmen zu werden, neben ökonomischen auch stark an unternehmensethischen Werten ausgerichtet ist. Wir setzen uns als Unternehmen dafür ein, Kreativität zu fördern, im Rahmen unseres Nachhaltigkeitskonzeptes S.A.F.E. umwelt- und sozialverträglich zu handeln und zum Frieden beizutragen. Gemäß unserer Unternehmenswerte wollen wir das auf faire, ehrliche, positive und kreative Weise tun.

Mit Pater Anselm Grün teile ich die Überzeugung, dass ohne die positive Einstellung gegenüber den Menschen und der Natur kein wirklicher Fortschritt möglich ist. Daher sehe ich es auch als Teil meiner sozialen Verantwortung, in einem Unternehmen die notwendigen Rahmenbedingungen dafür zu schaffen, dass Menschen ihre Kreativität entfalten können und Spaß an ihrer Arbeit haben, was im Hinblick auf die Finanzkrise im vergangenen Jahr leider nicht immer realisierbar war.

Ein äußerst inspirierendes Erlebnis war für mich der einwöchige Aufenthalt in der Abtei Münsterschwarzach. Als »Mönch auf Zeit« konnte ich in eine Welt eintauchen, die ich aus meinem Berufsalltag nicht kannte. Klosterleben erleben, das heißt vor allem an einer Gemeinschaft teilzuhaben, die ihre Ideale an Gott ausrichtet, Toleranz und Offenheit in alle Glaubensrichtungen lebt und von einem Miteinander und Füreinander getragen wird. Tief beeindruckt hat mich die Ausstrahlung und die Herzlichkeit der Mönche. Die Teilnahme an deren Tagesrhythmus des »ora et labora« hat mich in die Lage versetzt, für einen gewissen Zeitraum Abstand zum eigenen Tun zu finden und so von einem anderen Blickwinkel über das eigene Leben und das Menschsein zu reflektieren.

Beeindruckend war für mich zu sehen, wie das »Unternehmen Kloster« seine wirtschaftliche Unabhängigkeit sichert und das gleichzeitig mit dem Konzept der Nachhaltigkeit verbindet. CO_2-Neutralität – dieses Ziel vieler Unternehmungen ist im Kloster Münsterschwarzach dank eigener Energieversorgung und dem Einsatz Erneuerbarer Energien heute schon Realität.

Der Aufenthalt im Kloster und die dort geführten Gespräche mit Pater Anselm Grün und seinen Mitbrüdern waren für mich ein wichtiger Moment der spirituellen Stärkung, der mir neue Perspektiven und Möglichkeiten aufgezeigt hat. Denn Neues zu entdecken und zu erleben, das hat mich in meinem Leben immer motiviert. Afrika hat sich für mich dabei in vielfacher Hinsicht als nie versiegende Quelle der Inspiration erwiesen. Deshalb ist es meine feste Absicht, mich auch im Rahmen meiner Stiftung, der Zeitzfoundation, nicht nur in Afrika, sondern weltweit für ein gesundes Gleichgewicht zwischen Umwelt- und Naturschutz, Gemeinschaft, Kultur und wirtschaftlichem Handeln einzusetzen. Auch meine Gespräche mit Pater Anselm Grün, dem ich hiermit ganz herzlich zu seinem Geburtstag gratuliere, und seine zahlreichen Veröffentlichungen waren und bleiben für mich weiterhin eine große Inspiration.

Der kosmische Christus

Paul M. Zulehner

Paul M. Zulehner, Prof., Dr. theol., Dr. phil., geb. 1939, Studium der Theologie und Philosophie in Innsbruck, Wien, Konstanz und München, 1964 zum Priester geweiht. Paul M. Zulehner lehrt zunächst an der Universität Bamberg, ab 1974 an der Universität Passau. Von 1984 bis 2008 ist er Universitätsprofessor für Pastoraltheologie und Kerygmatik an der Universität Wien. Sein Spezialgebiet ist Religionssoziologie. Er führt zahlreiche Forschungen vor allem zu religions- und kirchensoziologischen sowie pastoraltheologischen Fragenstellungen durch. In seinen zahlreichen Veröffentlichungen beschäftigt er sich unter anderem mit dem Mannsein heute, mit dem Selbstverständnis von Priestern, Diakonen und Pastoralreferenten und -referentinnen sowie mit Fragen einer zeitgemäßen Spiritualität.

Es waren Priester aus China, die mir inspirierende Anstöße gaben. Ich hatte im November 2008 im Pekinger Priesterseminar 40 Personen, die Hälfte aus der Untergrundkirche, die andere aus der patriotischen Kirche, zu einem pastoralen Fortbildungskurs. Eine ihrer Fragen war: Was machen wir seelsorglich mit den Buddhisten? In welcher Grundhaltung begegnen wir ihnen?

Mir wurde klar, dass eine eurozentrische und noch dazu konfessionalistische Pastoraltheologie nicht ausreicht, um diese Frage befriedigend zu beantworten. Ein Bild von Hildegard von Bingen weitete meinen Horizont: Die Deutsche Mystik gehört zu den mich stark inspirierenden Quellen, dabei neben Hildegard Teresa von Ávila, Johannes Tauler und vor allem Meister Eckhart. Hildegard von Bingen schaut Gott und findet im Feuerleib des Logos die ganze Schöpfung. Sofort erinnerte ich mich an den Hymnus am Beginn des Kolosserbriefs (1,16): »es ist alles durch ihn und zu ihm geschaffen«. Die ganze Schöpfung – ein Hineinreifen in den »kosmischen Christus«, der am Ende der Zeiten »alles in allem« sein wird?

Ich verfolgte diese Spur weiter. Zunächst entdeckte ich im Umkreis des Kolosserbriefs biblische Unterstützung. Die Texte der Bibel sind mir unverzichtbare Quelle. Ich stieß auf den Johannesprolog, den Epheserbrief, reiste zurück in das Erste Testament in das Buch der Weisheit, fand starke Anregungen in der Sophia-Tradition, und entdeckte neu im Buch Daniel den »Menschensohn«, der gleichsam das Urmodell des Menschen darstellt, eine Bezeichnung, die im Neuen Testament auf Jesus bezogen wird.

Von diesen Gründungsurkunden weg »sprang« ich in unsere Zeit und lernte neu den Theologen und Paläontologen Teilhard de Chardin lesen – auch Papst Benedikt XVI. sympathisiert übrigens mit seiner kosmischen Weite. Dass die ganze Schöpfung auf den Punkt Omega zuläuft, der Auferstandene das All in sich aufnimmt, dass es eine Eucharistie gibt, die kosmisch ist – alle diese Ideen befruchteten mich weiter. Ich begann der Spur des noch gar nicht so alten Bildes vom »kosmischen Christus« nachzugehen. Matthew Fox kam mir in die Hände, wobei ich seine grundlegenden Analysen schätzte, das Ende des Buches jedoch etwas oberflächlich empfand. Weit mehr inspirierte mich der Franziskaner Richard Rohr, vor allem in seinen fulminanten Vorträgen zum »Cosmic Christ« in Houston im Jahre 2008.

Spätestens an dieser Stelle merkte ich, dass ein solches theologisches Projekt im Alleingang nicht zu meistern ist. Ich lernte die Theologin Petra Steinmair-Pösel schätzen, mit der ich inzwischen die Leidenschaft am Thema teile. Sie kommt aus der Innsbrucker Schule, ist von dem leider viel zu früh verstorbenen Raymund Schwager inspiriert, der wiederum einer der wichtigsten Dialogpartner des Kulturphilosophen René Girard war.

Der große Philosoph entwarf ein inspirierend modernes Verständnis von Erbsünde: Aus dem jedem Menschen innewohnenden mimetischen Begehren entspringe leicht eine Rivalität, welche die Menschen untereinander nicht verbinde, sondern zu Konkurrenten mache. Diese Rivalität steigere sich und kippe eines Tages in einen unerträglichen »mimetischen Furor«, eine gesellschaftlich aufgeheizte dunkle Energie, welche den Bestand der Gesellschaft bedrohen würde, gäbe es nicht die Möglichkeit der Entladung: Der Kampf aller gegen alle schlage um in einen »befreienden« Kampf aller gegen einen. Dieser eine werde zum »Sündenbock«, an dem sich alle bösartigen Folgen der Gewalt entladen würden. Momentane Entlastung trete ein, doch schon bald beginne das Spiel von Neuem, der Kreislauf der Rivalität setze sich fort.

René Girard ist einer der großen Denker der westlichen christlichen Theologie. Diese sieht im Sündenfall die große Wunde der Menschheit, die jene selbst nicht heilen kann. Allein ein Erlöser, ein »heruntergekommener« (Wilhelm Bruners) Gott, kann die Menschheit sanieren. Im Mittelpunkt der westlichen Tradition steht daher die Sünde und in Verbindung damit das Kreuz, durch das wir erlöst sind – erlöst deshalb, so Schwager in Anlehnung an Girard, weil Jesus die Spirale der Gewalt durchbrochen, Gott als gewaltfrei Liebenden offenbart und damit eine neue Menschlichkeit und eine Gesellschaft ohne Rivalität erschlossen habe.

Aber nicht nur die westliche Tradition inspiriert mich. Ich habe entdeckt, dass die großen Theologen unserer Zeit alle dadurch groß geworden sind, dass sie sich – ohne das westliche Denken gering zu achten – mit der östlichen Tradition auseinandergesetzt haben: Karl Rahner, Henri de Lubac, Hans Urs von Balthasar, Joseph Ratzinger. Der Entwurf der Schöpfungs- und Heilsgeschichte ist in der ostkirchlichen Tradition anders akzentuiert. Hier ist die tiefe Verwundung des Menschen nicht primär die Sünde, sondern der Tod als Verlust der Unsterblichkeit. Das Herausfallen aus der paradiesischen Einwebung in das göttliche Geheimnis hat die Menschheit sterblich gemacht. Gott hat diese Wunde geheilt, indem er selbst sich wieder in diese todgeweihte menschliche Natur »eingemischt« hat. Im Zentrum steht also nicht in erster Linie das Zerreißen eines Schuldbriefes am Kreuz (so Anselm von Canterbury), sondern das weihnachtliche Geheimnis. Die Inkarnation steht im Mittelpunkt. Mir ihr ereignet sich die Grundsanierung der Menschheit und mit dieser der Schöpfung als Ganzes, die wie der Mensch in Wehen liegt und nach Erlösung seufzt. Das Leben Jesu, sein öffentliches Wirken, sein Tod und sein Auferstehen sind die Ausfaltung dieser heilenden Menschwerdung Gottes. Was er angenommen hat, das hat er erlöst.

Der Weg der Erlösung geht, so die griechischen Kirchenväter wie etwa Gregor von Nyssa, durch die zwei Tode. Auf diese Weise kann die »Reinigung« der durch das Böse sterblich gewordenen gottentfremdeten Natur geschehen: Wenn der erste (natürliche) Tod für die sanierende Reinigung des Goldes, das jeder Mensch in seinem Innersten ist, nicht ausreicht, muss er in einem dunklen schmerzhaft-höllischen Prozess durch den zweiten Tod, den die Offenbarung den »Feuersee« nennt. Feuer aber ist in der Bilderwelt der griechischen Kirchenväter das

Feuer der Liebe Gottes, das heilende Wirken des Heiligen Geistes, das »Fegfeuer« und eben als letztes Instrument in der Hand Gottes die finale Sanierung aller durch den »Feuersee«.

Die griechische Theologie ist daher in ihrer Tendenz universell und heilsoptimistisch. Ihr Gott ist ein Gott aller, die ein menschliches Gesicht tragen. Gott ist ein Gott der Muslime, der Buddhisten, der Daoisten. Gott ist auch ein Gott der Atheisten. Daher wird auch die Auferstehung dargestellt als Hadesfahrt. Der Auferstandene bricht die Höllenpforten auf und zieht mit seinem Rettungsgriff Adam und Eva aus dem Herrschaftsbereich von Tod, Sünde und Teufel. Deren Macht ist endgültig gebrochen, so umfassend, dass ein Gregor von Nazianz sich auch eine finale Errettung des Teufels vorstellen »muss«. Das Zweite Vatikanische Konzil, dem ich mit seinem grandiosen Einberufer Papst Johannes XXIII. so viele Inspirationen verdanke, hat solchem heilsoptimistischen Denken nicht widersprochen: worin mein Lehrer Karl Rahner die bleibende Bedeutung des Konzils sah.

Wie aber wirkt Gott das Heil aller? Woran kann man jetzt in dieser Weltzeit schon erkennen, dass jemand in den kosmischen Christus hineinreift? Es ist Hans Urs von Balthasar gelungen, unserer Hoffnung auf das Heil aller (das Gott ja nach 1 Tim 2,14 mit all seinen Möglichkeiten will und auch herbeiführt) ein theologisch einfaches Bild zu schenken. Er meint, dass das Heil, das immer durch den dreifaltigen Gott gewirkt wird, sich daran zeigt, dass jemand eine wahrhaft Liebende, ein wahrhaft Liebender wird. Wo immer Liebende reifen, reifen sie faktisch in den Auferstandenen, in den kosmisch gewordenen Jesus, also in Christus hinein. Das geschieht bei vielen verhüllt, weil das Antlitz Christi, das sie als Liebende tragen, noch nicht enthüllt ist. Uns Christen ist dieses Geheimnis des Hineinreifens aller in den kosmischen Christus enthüllt. Das macht uns zum Licht der Welt und zum Salz der Erde (vgl. Mt 5,31). Meister Eckhart hat dies in einer mystischen Erfahrung des dreifaltigen Gottes so gefasst, und damit schließe ich den Gang durch die vielen inspirativen Quellen, die sich mir in den letzten Monaten erschlossen haben:

»Darum sage ich, dass es des Vaters Wesen ist,
den Sohn zu gebären,
und des Sohnes Wesen,
dass ich in ihm und nach ihm geboren werde;
des Heiligen Geistes Wesen ist es,
dass ich in ihm verbrannt und in ihm völlig eingeschmolzen
und gänzlich Liebe werde.«

Bibliographische Information der Deutschen Bibliothek
Die Deutsche Bibliothek verzeichnet diese Publikation in der Deutschen Nationalbibliographie. Detaillierte bibliographische Daten sind im Internet über http://dnb.ddb.de abrufbar.

1. Auflage 2010

Umschlaggestaltung: Thomas Uhlig, www.coverdesign.net
Umschlagphotos von links: Marietta Slomka: © ZDF/Thomas Morice; Wolfgang Schäuble: © Laurence Chaperon; Katrin Göring-Eckardt: privat; Norbert Blüm: privat; Franz Alt: © Axel Thomae; Nina Ruge: © Christian Schopp; Werner Küstenmacher: © Axel Griesch
Druck und Bindung: Friedrich Pustet KG, Regensburg
ISBN 978-3-89680-452-5

www.vier-tuerme-verlag.de